la bible des conserves

MODUS VIVENDI

LES PUBLICATIONS MODUS VIVENDI INC.
55, rue Jean-Talon Ouest, 2e étage
Montréal (Québec) Canada H2R 2W8

Directeur éditorial : Marc Alain
Designer graphique : Émilie Houle
Photographe : André Noël
Styliste culinaire : Simon Roberge
Relecteurs : Andrée Laprise et Guy Perreault

Dépôt légal - Bibliothèque et Archives nationales du Québec, 2008
Dépôt légal - Bibliothèque et archives Canada, 2008

ISBN-13 978-2-89523-541-5

Nous reconnaissons l'aide financière du gouvernement du Canada par l'entremise du Programme d'aide au développement de l'industrie de l'édition (PADIÉ) pour nos activités d'édition.

Gouvernement du Québec — Programme de crédit d'impôt pour l'édition de livres — Gestion SODEC

Imprimé au Canada

Remerciements

Je tiens à remercier les magasins suivants pour la vaisselle et les accessoires de cuisine :

Clinique De La Casserole Delmar, Zone, Stokes, Chez Farfelu Maison, La Soupière, L'Aromate et Bleu Lavande.

Un merci particulier au dépositaire autorisé Presto, la Clinique De La Casserole Delmar pour les bons conseils sur l'usage de l'autoclave. Je continuerai de cuisiner tout au long de l'année avec cet appareil si pratique.

Un gros merci à toute l'équipe de Modus Vivendi pour sa confiance et son appui dans ce beau projet culinaire.

Merci à Émilie Houle, designer graphique, dont le travail créatif est un gage de beauté et d'harmonie à chaque page et un réel plaisir pour mes lecteurs.

Merci à André Noël, photographe et Simon Roberge, styliste. Ils sont une fois de plus responsables de vous donner l'eau à la bouche en parcourant les belles photos lumineuses de cette bible des conserves.

Louise Rivard, auteure

Vous pouvez obtenir des renseignements supplémentaires concernant les autres ouvrages publiés par Louise au www.louiserivard.com.

Table des *matières*

Introduction

Quoi de meilleur qu'une bonne conserve de légumes du jardin, gorgés des saveurs de l'été, qu'une bonne sauce d'accompagnement, qu'une exquise confiture réalisée avec les fraises que vous avez eu plaisir à cueillir l'été dernier et que vous servirez cet hiver pour accompagner vos brunchs du dimanche ? La cuisine réconfortante procure autant sinon plus de satisfaction et de bien-être qu'une séance chez le thérapeute ! La bonne nourriture est garante de bonne santé et surtout de bonne humeur !

Cette *Bible des conserves* vous ramènera en des temps où les aliments étaient goûteux et abondants, où la cuisine familiale réchauffait les cœurs.

En plus de sauver temps et argent, les conserves permettent également d'économiser l'énergie. Ainsi, lorsqu'il est possible de cuisiner en assez grandes quantités et d'utiliser la meilleure technique de conservation, on diminue la consommation d'électricité qu'exige un congélateur, par exemple. Faire des conserves, c'est aussi se procurer des fruits et des légumes de qualité au marché, si on ne possède pas de potager, et pouvoir en profiter, à un moindre coût, pendant la saison froide.

Je vous propose de vous approprier les bonnes techniques de conservation des aliments qui, si elles n'ont pas fait partie de votre éducation familiale, sont toutefois très faciles à comprendre et à apprendre. Certaines conserves se gardent même plus de 12 mois. Il suffit d'avoir un peu d'espace pour ranger les bocaux !

Il est possible de faire soi-même et sans difficulté ces petits bocaux de gelées, de confits d'oignons, de marinades et autres douceurs. Osez et vous verrez qu'avec l'expérience, vous apprécierez l'exercice. Faites profiter votre famille des abondances saisonnières tout en réalisant des économies.

N'oubliez pas que ces petits pots font de superbes cadeaux que tout le monde appréciera !

Bonne cuisine !

Petite histoire

On doit à Nicolas Appert, confiseur français de métier, le procédé d'appertisation (tiré de son nom) qui utilise la stérilisation des pots de verre ou des boîtes en fer-blanc par la chaleur. Ce procédé empêche les levures et autres bactéries de proliférer. Grâce à lui, les soldats de la Grande Armée de Napoléon furent mieux alimentés puisqu'on put leur fournir de la nourriture qui ne s'avariait pas. Environ 50 ans plus tard, un Américain du nom de John Landis Mason brevetait des couvercles de métal qui garantissaient un scellage hermétique des bocaux de conserve en verre. On utilise encore les bocaux de cette marque de nos jours. Quant aux conserves en fer-blanc, elles ont été très populaires jusqu'à la venue des techniques de congélation et de surgélation.

Les différents modes de conservation

Le but principal de la mise en conserve reste encore d'éviter les empoisonnements alimentaires causés par la prolifération de bactéries, même si, de nos jours, on peut ajouter qu'on a aussi envie d'avoir sous la main des fruits, des légumes et des viandes qui ont gardé leurs qualités nutritives sans recours aux additifs chimiques.

1. Le sucre

Toujours populaires, les confitures, marmelades, gelées, beurres de fruits, compotes et garnitures pour desserts sont élaborés avec des fruits matures cuits dans du sucre. La concentration de sucre peut varier. On utilise la méthode de stérilisation à l'eau bouillante qui scelle les couvercles et on conserve les bocaux au réfrigérateur. Ces conserves peuvent durer des mois, voire des années ! La pectine et de nouveaux édulcorants permettent de faire ces préparations rapidement et facilement.

1a) Les fruits confits. On plonge la chair des fruits pendant plusieurs jours dans des sirops de plus en plus concentrés.

1b) Les pâtes de fruits. Au Moyen Âge, on conservait les fruits de cette façon. De nos jours, on les prépare avec les résidus des gelées, surtout de pomme et de coing.

2. Le sel

Cette ancienne technique est encore pratiquée dans plusieurs pays. On frotte le produit (surtout le poisson et la viande) avec du gros sel jusqu'à saturation. On suspend ensuite la pièce dans un endroit à l'abri de la lumière à une température de 6 °C/42-46 °F. On doit souvent faire tremper dans l'eau froide les produits ainsi conservés avant de les consommer (par exemple, la morue salée).

3. La saumure

La saumure contient entre autres du sel, de l'eau, du sucre et du salpêtre ou nitrate de potassium (pour conserver les viandes et les légumes mais interdit dans les viandes bio) et des arômes.

4. Le vinaigre

Chaque pays possède sa propre version des marinades. Le vinaigre d'alcool garantit des provisions de légumes d'accompagnement jusqu'au retour des prochaines récoltes. Le vinaigre chaud les attendrira. Le froid les rendra plus croquants et transparents, sans altérer la couleur des légumes ou des fruits. Il peut être parfumé pour apporter des saveurs différentes et rehausser les marinades ordinaires. Les marinades sont ensuite stérilisées à l'eau bouillante.

5. L'alcool

L'alcool pur est un agent de conservation idéal car aucun microbe ne peut y survivre. Les alcools les plus utilisés pour la conservation des fruits blanchis sont le rhum, le cognac, le brandy, le kirch et pratiquement toutes les eaux-de-vie.

6. Le gras ou l'huile

La graisse, le saindoux ou l'huile conservent les viandes et certains sous-produits cuits tels que les pâtés et les terrines et des denrées préalablement blanchies (champignons, poivrons, artichauts, etc.) en créant une barrière qui empêche l'air, l'humidité et les bactéries d'atteindre le produit.

7. La dessiccation

Cette méthode consiste à déshydrater le produit en le desséchant au four entre 48 et 65 °C (120 et 150 °F), avec un déshydrateur électrique ou au soleil. Le séchage réduit la teneur en eau, ce qui a pour conséquence d'empêcher toute altération et d'augmenter la durée de conservation. Les produits commerciaux de charcuterie (saucissons, etc.) sont eux aussi suspendus dans un lieu sec et froid (à environ 5 °C-40 °F). Populaires pour déshydrater de petites quantités de viande, il y a la façon « biltong » sud-africaine, avec marinage préalable, et le mode « jerky » nord-américain qui n'est pas parfumé et ne nécessite pas de marinage.

8. Congélation et surgélation

Cette méthode permet de garder des aliments frais ou crus, semi-préparés ou cuits au froid. La surgélation rapide des aliments, de manière industrielle, permet de conserver les qualités nutritives des aliments.

Mode d'emploi de l'ouvrage

Afin de simplifier la lecture de l'ouvrage, je donne ici les règles de base pour la stérilisation (choix des bocaux, techniques de stérilisation, étanchéité, etc.). Ensuite, pour chaque type de conserve, par exemple, marinade, confitures, gelées, etc. Référez-vous aux techniques spécifiques présentées dans les pages suivantes. On peut aussi consulter la table des matières. Il est conseillé de lire toutes les instructions avant de commencer le travail.

Techniques de base

La première et principale technique consiste à respecter les étapes de base.

Choix des bocaux

Utiliser les bocaux conçus pour les conserves de marques reconnues comme Mason, Bernardin, Kerr. Le verre des bocaux de moutarde, de mayonnaise ou autres est trop mince et il ne résistera pas à l'étape de stérilisation. Par contre, réutiliser les bocaux à conserve d'année en année en vérifiant qu'ils ne soient pas fendillés, en remplaçant à l'occasion les couvercles tordus, rouillés ou défectueux et en remplaçant, chaque année, les rondelles « snap » à lisière de caoutchouc. Bien vérifier l'étanchéité des modèles à anneaux de caoutchouc munis d'un système de ressorts. Mieux vaut changer les anneaux, qui ne sont d'ailleurs conçus que pour une seule utilisation.

Techniques de stérilisation des bocaux de verre (avant utilisation)

Tous les bocaux et couvercles doivent être lavés et stérilisés convenablement avant leur utilisation.

Au four (chaleur sèche)

Juste avant d'empoter, préchauffer le four à 190 °C (375 °F). Disposer les bocaux lavés, ouverture vers le haut ou couchés sur une plaque à cuisson recouverte de papier parchemin ou d'aluminium. Laisser au four 15 minutes. Déposer les bocaux, tête en bas, sur un linge propre et empoter immédiatement. Si on n'est pas tout à fait prêt à empoter, baisser la température du four à 93 °C (200 °F) et laisser les bocaux au four.

Bain d'eau bouillante

La stérilisation à l'eau bouillante est le moyen de base quand on ne dispose pas d'un autoclave.

Juste avant d'empoter, immerger les bocaux propres dans une grande casserole et compter 20 minutes dès que l'eau commence à bouillir. Utiliser des pinces spéciales pour retirer sans danger les bocaux. Sécher sur un linge propre. Verser la préparation rapidement quand les bocaux sont encore chauds.

Pour les couvercles

Déposer les couvercles (à ressorts, vissés ou « snap ») préalablement lavés dans un chaudron d'eau bouillante pendant 5 minutes. Déposer sur un linge propre.

Techniques de stérilisation des conserves

Conserves à acidité élevée (fruits conservés dans du sucre, marinades)

La méthode à l'eau bouillante, à une température de 100 °C (212 °F), est efficace pour stériliser les aliments à acidité élevée (avec un pH plus élevé que 4,6) comme les fruits et pour éliminer les bactéries non visibles. Respecter la durée du traitement mentionnée dans la recette.

Conserves à faible acidité (légumes et légumineuses, viandes, poisson, volaille et plats cuisinés, soupes, sauces, ragoûts)

Les aliments à faible acidité (avec un pH moins élevé que 4,6) doivent être traités à une chaleur supérieure, soit 116 °C (240 °F) et en respectant le temps nécessaire pour détruire les bactéries nuisibles dans les légumes, les viandes et le poisson. Ils seront mis en conserves avec succès dans une marmite autoclave.

Nota : La méthode de conserve à acidité élevée ne convient pas pour la conserve à acidité faible et vice-versa.

Empotage et étanchéité

Espace de tête

Laisser un espace entre les aliments et le couvercle (le « bord » du bocal). Selon le type de conserves, il faut laisser plus ou moins d'espace :

TYPE DE CONSERVES	ESPACE DE TÊTE
Achards	1 cm (½ po)
Chutney	1 cm (½ po)
Condiments (relish, moutarde, ketchup)	1 cm (½ po)
Confitures	½ cm (¼ po)
Conserves à l'autoclave (aliments à faible acidité)	2,5 cm (1 po)
Cornichons	2 cm (¾ po)
Fruits	2 cm (¾ po)
Garnitures	½ cm (¼ po)
Gelées	½ cm (¼ po)
Jus de fruits	1 cm (½ po)
Marinades	2 cm (¾ po)
Tartinades	½ cm (¼ po)

Compter ½ cm (¼ po) de plus pour l'espace de tête pour les bocaux remplis d'aliments solides auxquels on ajoute du liquide. Les aliments sont mis en bocal jusqu'à ce niveau. Le liquide est ajouté ensuite, comme le suggère la recette des fruits au sirop et la majorité des marinades.

Étapes de scellage

Préparation des couvercles

Les bagues et les couvercles ont été stérilisés. Il faut garder les couvercles (pas les bagues) au chaud jusqu'au moment de l'empotage. Les laissez dans l'eau avec les bocaux stérilisés ou dans un petit chaudron à part. On utilise un bâton aimanté pour les repêcher.

Extraction des bulles d'air

Cette étape est essentielle. Enlever, à l'aide d'une baguette de bois ou d'un bâton en plastique, toutes les bulles visibles en faisant le tour du bocal et en passant aussi au centre. Le niveau peut avoir changé : il faut parfois rajuster l'espace de tête, en ajoutant ou en enlevant de la préparation ou du liquide. Ne pas utiliser d'ustensile métallique.

Essuyer le bord du bocal avec un linge propre et humide avant d'apposer le couvercle chaud. Cette étape est essentielle à la réussite du scellage. La matière caoutchoutée (plastisol) dont sont recouverts les couvercles doit demeurer propre pour une meilleure adhérence durant le traitement à la chaleur.

Visser la bague

Il faut visser une bague sur chaque bocal du bout des doigts, jusqu'au point de résistance (ce qui signifie qu'il ne faut pas les serrer trop fort). La bague peut être enlevée une fois le scellage réussi. Ne pas pencher les bocaux quand on les dépose dans la marmite. Ils doivent rester debout dans la marmite pendant tout le temps de stérilisation.

Vérification de l'étanchéité

Une fois les bocaux stérilisés à l'eau bouillante ou à l'autoclave, les retirer sans les pencher. Ils doivent demeurer debout sur un linge à l'abri des courants d'air. On peut déposer une serviette sur les bocaux. Refroidir 24 heures avant d'entreposer.

Les couvercles doivent avoir bombé vers l'intérieur et rester en place, sans bouger si on applique une pression du doigt. Si le couvercle a bombé vers l'extérieur, c'est que la bague a été trop serrée pendant la stérilisation. S'il glisse et ne tient pas, le temps de traitement a été trop court ou des matières se sont glissées, empêchant le scellage ou encore il peut y avoir des bulles d'air présentes dans le bocal. On peut enlever les bagues si on le désire, rincer les pots, les étiqueter et les entreposer dans un endroit frais et à l'abri de la lumière. Si l'un des bocaux ne s'est pas bien scellé, le remettre dans la marmite ou le conserver au réfrigérateur pour une consommation rapide.

On garde rarement des conserves maison plus de 12 mois. Vérifier le sceau et les indications visuelles (liquide trouble, par exemple) ou olfactives avant l'utilisation. En cas de doute, jeter toute conserve suspecte ou dont le couvercle a bombé vers l'extérieur.

Ustensiles

- Un assortiment de chaudrons profonds en acier inoxydable ou émaillé
- Une marmite pour la stérilisation à l'eau bouillante (pour les conserves à acidité élevée)
- Un support à bocal à insérer dans la marmite (la marmite et le support sont vendus en un ensemble)
- Une marmite autoclave (pour les conserves à faible acidité)
- Des pinces à bocal
- Un entonnoir à large orifice
- Un bâton de plastique pour enlever les bulles d'air à l'empotage
- Un bâton aimanté pour récupérer les couvercles dans l'eau chaude

- Une soucoupe pour tester la prise (pour les gelées)
- Un ensemble de tasses graduées pour mesurer les ingrédients (un ensemble gradué de 1/4, 1/2, 3/4, 1, 2 et 4 tasses de capacité est suggéré)
- Des cuillères à mesurer
- Une petite balance de cuisine (très pratique mais pas essentielle)
- Un assortiment de cuillères à mélanger, louches et cuillère à égoutter en plastique ou en inox
- Un thermomètre à bonbons
- Du tissu léger pour faire des nouets d'épices ou d'herbes (gaze, étamine, coton à fromage)
- De la ficelle

Empotages, stérilisation, techniques d'utilisation

Empotage et stérilisation des aliments mis en conserve à l'autoclave

Suivre la méthode de stérilisation des bocaux et couvercles (voir pages précédentes).

Consulter les étapes de préparation de l'autoclave fournies dans le manuel d'instructions du fabricant.

Assembler l'équipement de mise en conserve. Vérifier que toutes les composantes sont opérationnelles. Les nettoyer au besoin.

Porter une attention particulière à la soupape d'évacuation : s'assurer que rien ne l'obstrue, sinon la nettoyer à l'aide d'une petite brosse ou d'un cure-pipe.

Vérifier les autres composantes comme l'indique le manuel d'instructions du fabricant avant de commencer.

Préparer la recette.

Remplir les bocaux chauds.

Laisser un espace de 1 cm (1/2 po) pour les conserves de fruits, et pour les autres recettes de légumes et toutes les recettes de viande ou autres, laisser un espace de 2,5 cm (1 po).

Passer un bâton de plastique ou de bois dans la préparation pour enlever toute bulle d'air. Déposer le couvercle chaud bien au centre.

Visser la bague solidement.

Installer l'autoclave sur une cuisinière stable (non penchée).

Déposer la grille de mise en conserve au fond de la marmite.

Verser 3 litres (12 tasses) d'eau bouillante dans l'autoclave.

Ajouter, si désiré, 30 ml (2 c. à soupe) de vinaigre blanc pour empêcher l'eau de tacher les bocaux.

Déposer les bocaux remplis.

Installer une deuxième grille au besoin (pour les bocaux de 500 ml).

Visser le couvercle muni du manomètre sur la marmite en alignant les repères.

Centrer les poignées du couvercle avec celles du récipient pour le fermer solidement.

Allumer la cuisinière et régler la chaleur relativement élevée pour obtenir un bon débit de vapeur libre.

Ajuster la chaleur de la cuisinière en conséquence pour maintenir cette vapeur constante.

Laisser s'échapper la vapeur pendant 10 minutes.

Placer le régulateur de pression sur la soupape d'évacuation tout de suite après.

Compter le temps de traitement, au moment où la pression indiquée dans la recette est atteinte. Consulter le tableau selon l'altitude à la page 18.

Surveiller de temps à autre le manomètre.

Régler la chaleur de la cuisinière de façon à maintenir la bonne pression.

Suivre le temps exigé par la recette et retirer la marmite quand le temps est écoulé.

Laisser chuter la pression sans refroidir l'autoclave.

Retirer le régulateur de pression quand la pression est nulle et qu'il n'y a aucune pression sortant de l'évent/le verrou du couvercle et du bouchon de surpression.

Laisser l'autoclave refroidir pendant 10 minutes.

Enlever le couvercle en tournant dans le sens contraire des aiguilles d'une montre et le soulever pour éviter de recevoir la vapeur au visage.

Si le couvercle ne s'ouvre pas facilement, attendre que la pression soit complètement évacuée ou laisser refroidir l'autoclave.

Utiliser une pince à bocal pour sortir les bocaux chauds.

Les déposer sur un linge propre pour qu'ils tiédissent.

Refroidir pendant 24 heures avant de les déplacer pour les entreposer.

Vérifier l'étanchéité de chacun (voir *Étapes de scellage* aux pages 14 et 15).

Étiqueter et inscrire la date.

Tableau d'ajustement selon l'altitude pour les aliments à faible acidité

(vérifier les informations du fabricant pour votre modèle d'autoclave)

ALTITUDE		AUTOCLAVE À POIDS		AUTOCLAVE À MANOMÈTRE	
Mètres	pieds	kPa	lb	kPa	lb
0 à 305	0 à 1 000	69	10	76	11
306 à 609	1 001 à 2 000	103	15	76	11
610 à 1 219	2 001 à 4 000	103	15	83	12
1 220 à 1 828	4 001 à 6 000	103	15	90	13
1 829 à 2 438	6 001 à 8 000	103	15	97	14
2 439 à 3 048	8 001 à 10 000	103	15	103	15

Empotage et stérilisation des beurres de fruits

Suivre la méthode de stérilisation des bocaux et couvercles (voir les pages précédentes).

À l'aide d'une louche, remplir de beurre de fruits chaud les bocaux chauds à 5 mm (1/4 po) du bord.

Passer un bâton de plastique ou de bois dans la préparation pour enlever toute bulle d'air. Essuyer le bocal. Déposer le couvercle bien au centre.

Visser la bague au point de résistance, soit en opérant du bout des doigts. Ne pas trop serrer.

Recouvrir les bocaux remplis d'environ 2,5 cm (1 po) d'eau. Couvrir. Porter à ébullition.

Stériliser des bocaux de 250 ml (ou 500 ml) 10 minutes.

Enlever le couvercle de la casserole et attendre 5 minutes.

Utiliser une pince à bocal pour les déposer facilement sur un linge propre.

Refroidir pendant 24 heures – sans resserrer les bagues – avant de les déplacer pour les entreposer.

Vérifier l'étanchéité de chacun (voir *Étapes de scellage* aux pages 14 et 15).

Étiqueter et inscrire la date.

Empotage et stérilisation des chutneys

Suivre la méthode de stérilisation des bocaux et couvercles (voir les pages précédentes).

Remplir les bocaux de chutney chaud à l'aide d'une louche. Laisser un espace de 1 cm (1/2 po).

Passer un bâton de plastique ou de bois dans la préparation pour enlever toute bulle d'air. Essuyer le bocal. Déposer le couvercle bien au centre.

Visser la bague au point de résistance, soit en opérant du bout des doigts. Ne pas trop serrer.

Recouvrir les bocaux remplis d'environ 2,5 cm (1 po) d'eau. Couvrir. Porter à ébullition.

Stériliser 15 minutes les bocaux de 500 ml et 10 minutes les bocaux de 250 ml.

Enlever le couvercle de la casserole et attendre 5 minutes.

Utiliser une pince à bocal pour les déposer facilement sur un linge propre.

Refroidir pendant 24 heures – sans resserrer les bagues – avant de les déplacer pour les entreposer.

Vérifier l'étanchéité de chacun (voir *Étapes de scellage* aux pages 14 et 15).

Étiqueter et inscrire la date.

Empotage et stérilisation des confitures, compotes et garnitures

Suivre la méthode de stérilisation des bocaux et couvercles (voir pages précédentes).

Faire le test de gélification avant d'empoter (voir *Tests de gélification*, à la page 24) ou vérifier à l'aide d'un thermomètre, qui doit indiquer 105 °C-220 °F.

À l'aide d'une louche, remplir de confiture chaude les bocaux chauds en laissant un espace de 5 mm (1/4 po) du bord.

Passer un bâton de plastique ou de bois dans la préparation pour enlever toute bulle d'air. Essuyer le bocal. Déposer le couvercle bien au centre.

Visser la bague au point de résistance, soit en opérant du bout des doigts. Ne pas trop serrer.

Recouvrir les bocaux remplis d'environ 2,5 cm (1 po) d'eau. Couvrir. Porter à ébullition.

Stériliser des bocaux de 250 et 500 ml 10 minutes, sauf indications contraires.

Enlever le couvercle de la casserole et attendre 5 minutes.

Utiliser une pince à bocal pour les déposer facilement sur un linge propre.

Refroidir pendant 24 heures – sans resserrer les bagues – avant de les entreposer.

Vérifier l'étanchéité de chacun (voir *Étapes de scellage*, aux pages 14 et 15).

Étiqueter et inscrire la date.

Empotage et stérilisation des condiments

Suivre la méthode de stérilisation des bocaux et couvercles (voir les pages précédentes).

À l'aide d'une louche, verser la préparation chaude dans des bocaux chauds en laissant un espace de 5 mm (1/4 po) du bord.

Passer un bâton de plastique ou de bois dans la préparation pour enlever toute bulle d'air. Essuyer le bocal. Déposer le couvercle bien au centre.

Visser la bague au point de résistance, soit en opérant du bout des doigts. Ne pas trop serrer.

Recouvrir les bocaux remplis d'environ 2,5 cm (1 po) d'eau. Couvrir. Porter à ébullition.

Stériliser des bocaux de 125 ml 10 minutes; de 250, ml 15 minutes et 20 minutes les bocaux de 500 ml, sauf indications contraires.

Enlever le couvercle de la casserole et attendre 5 minutes.

Utiliser une pince à bocal pour les déposer facilement sur un linge propre.

Refroidir pendant 24 heures - sans resserrer les bagues – avant de les déplacer pour les entreposer.

Vérifier l'étanchéité de chacun (voir *Étapes de scellage*, aux pages 14 et 15).

Étiqueter et inscrire la date.

Empotage et stérilisation des conserves à l'huile

Suivre la méthode de stérilisation des bocaux et couvercles (voir pages précédentes).

Mettre les épices, les herbes ou condiments au fond de chaque bocal chaud avant d'y tasser les légumes.

Tasser les légumes sans surcharger pour laisser de l'espace (2 cm/3/4 po du bord) pour l'huile.

Verser l'huile à température ambiante en laissant un espace variant entre 5 à 12 mm (1/4 à 1/2 po) du bord, selon la recette.

Passer un bâton de plastique ou de bois dans la préparation pour enlever toute bulle d'air. Essuyer le bocal. Déposer le couvercle bien au centre.

Visser la bague au point de résistance, soit en opérant du bout des doigts. Ne pas trop serrer.

Recouvrir les bocaux remplis d'environ 2,5 cm (1 po) d'eau. Couvrir. Porter à ébullition.

Stériliser les bocaux selon les indications particulières de la recette, de 10 à 20 minutes.

Enlever le couvercle de la casserole et attendre 5 minutes.

Utiliser une pince à bocal pour les déposer facilement sur un linge propre.

Refroidir pendant 24 heures – sans resserrer les bagues – avant de les déplacer pour les entreposer.

Vérifier l'étanchéité de chacun (voir *Étapes de scellage*, aux pages 14 et 15).

Étiqueter et inscrire la date.

Entreposer au réfrigérateur ou dans un endroit frais à l'abri de la lumière et de la chaleur.

Attendre préférablement 3 à 4 semaines avant de les déguster.

Empotage et stérilisation des conserves de tomates

Suivre la méthode de stérilisation des bocaux et couvercles (voir pages précédentes).

Préparer les tomates (voir *Conserves de tomates*, à la page 47).

Consulter le tableau des ingrédients pour l'acidification spécifique à la recette (voir *Conserves de tomates*, à la page 47).

À laide d'une louche, verser la préparation de tomates chaudes (ou froides selon la recette) dans des bocaux chauds en laissant un espace de 1 cm (1/2 po) du bord.

Passer un bâton de plastique ou de bois dans la préparation pour enlever toute bulle d'air. Essuyer le bocal. Déposer le couvercle bien au centre.

Visser la bague au point de résistance, soit en opérant du bout des doigts. Ne pas trop serrer.

Recouvrir les bocaux remplis d'environ 2,5 cm (1 po) d'eau. Couvrir. Porter à ébullition.

Stériliser les bocaux selon les spécifications particulières de la recette.

Enlever le couvercle de la casserole, attendre 5 minutes et les sortir.

Utiliser une pince à bocal pour les déposer facilement sur un linge propre.

Refroidir pendant 24 heures - sans resserrer les bagues - avant de les déplacer pour les entreposer.

Vérifier l'étanchéité de chacun (voir *Étapes de scellage*, aux pages 14 et 15).

Étiqueter et inscrire la date.

Empotage et stérilisation des fruits dans le sirop

Suivre la méthode de stérilisation des bocaux et couvercles (voir pages précédentes).

Avant de commencer une recette, toujours mesurer le sucre dans une tasse à mesurer les ingrédients secs, et l'eau ou le jus, dans une tasse pour les liquides. Réserver sur le plan de travail.

Plonger les fruits dans un bain d'eau additionné d'acide citrique ou ascorbique (vitamine C) ou de jus de citron (1 partie de jus pour 4 parties d'eau), pour éviter le brunissement des fruits au fur et à mesure qu'ils sont coupés.

Préparer les fruits : les nettoyer, les trier et les blanchir au besoin.

Tasser les fruits dans les bocaux chauds jusqu'à 2 cm (3/4 po) du bord.

Ajouter le liquide (jus, sirop, eau) chaud pour couvrir les fruits jusqu'à 1 cm (1/2 po) du bord (espace de tête). Le liquide recouvrira donc les fruits de 5 mm (1/4 po).

Passer un bâton de plastique ou de bois dans la préparation pour enlever toute bulle d'air. Essuyer le bocal. Déposer le couvercle bien au centre.

Visser la bague au point de résistance, soit en opérant du bout des doigts. Ne pas trop serrer.

Recouvrir les bocaux remplis d'environ 2,5 cm (1 po) d'eau. Couvrir. Porter à ébullition.

Stériliser en moyenne 20 minutes les bocaux de 500 ml et de 25 à 30 minutes les bocaux de 1 litre, ou selon les indications particulières de la recette.

Enlever le couvercle de la casserole et attendre 5 minutes.

Utiliser une pince à bocal pour les déposer facilement sur un linge propre.

Refroidir pendant 24 heures - sans resserrer les bagues – avant de les déplacer pour les entreposer.

Vérifier l'étanchéité de chacun (voir *Étapes de scellage*, aux pages 14 et 15).

Étiqueter et inscrire la date.

Temps de stérilisation suggéré pour le traitement à la chaleur des fruits

Pommes : 20 minutes (500 ml et 1 litre).

Poires : 20 minutes (500 ml); 25 minutes (1 litre).

Prunes : (piquer les fruits à l'aide d'une aiguille) 20 minutes (500 ml); 25 minutes (1 litre).

Pêches et nectarines : 25 minutes (500 ml); 30 minutes (1 litre).

Abricots : 25 minutes (500 ml); 30 minutes (1 litre).

Petits fruits* : 15 minutes (250 ml et 500 ml); 20 minutes (1 litre).

Cerises : 15 minutes (500 ml); 20 minutes (1 litre).

Canneberges : 15 minutes (500 ml et 1 litre).

Fraises : 10 minutes (500 ml et 1 litre).

Rhubarbe : 15 minutes (500 ml et 1 litre).

*Pour les petits fruits qui ne conservent pas leur forme, comme les framboises, utiliser la « méthode à froid » : préparer aussi un sirop comme pour la « méthode à chaud » et utiliser des bocaux chauds. Empoter en remplissant le bocal à moitié de sirop chaud. Ajouter les fruits en tassant doucement et compléter avec du sirop.

Empotage et stérilisation des gelées

Suivre la méthode de stérilisation des bocaux et couvercles (voir pages précédentes).

Avant de commencer une recette de gelée, toujours mesurer le sucre dans une tasse à mesurer les ingrédients secs, et non liquides pour prendre la mesure à ras. Réserver sur le plan de travail.

Faire un test de gélification avant d'empoter (voir *Tests de gélification*, à la page 24).

À l'aide d'une louche, verser la gelée chaude dans des bocaux chauds en laissant un espace de 5 mm (1/4 po) du bord.

Passer un bâton de plastique ou de bois dans la préparation pour enlever toute bulle d'air. Essuyer le bocal. Déposer le couvercle bien au centre.

Visser la bague au point de résistance, soit en opérant du bout des doigts. Ne pas trop serrer.

Recouvrir les bocaux remplis d'environ 2,5 cm (1 po) d'eau. Couvrir. Porter à ébullition.

Stériliser 10 minutes des bocaux de 250 ml (ou 500 ml), sauf indications de la recette.

Enlever le couvercle de la casserole et attendre 5 minutes.

Utiliser une pince à bocal pour les déposer facilement sur un linge propre.

Refroidir pendant 24 heures - sans resserrer les bagues – avant de les déplacer pour les entreposer.

Vérifier l'étanchéité de chacun (voir *Étapes de scellage*, aux pages 14 et 15).

Étiqueter et inscrire la date.

Empotage et stérilisation des marinades de fruits et de légumes

Suivre la méthode de stérilisation des bocaux et couvercles (voir pages précédentes).

Mettre la plupart du temps les épices ou les herbes au fond de chaque bocal chaud avant d'y tasser les légumes ou les fruits.

Tasser les légumes ou les fruits sans surcharger pour laisser de l'espace (2 cm/ 3/4 po du bord) pour la marinade.

Verser la marinade très chaude en laissant un espace de 1 cm (1/2 po) du bord.

Passer un bâton de plastique ou de bois dans la préparation pour enlever toute bulle d'air. Essuyer le bocal. Déposer le couvercle bien au centre.

Visser la bague au point de résistance, soit en opérant du bout des doigts. Ne pas trop serrer.

Recouvrir les bocaux remplis d'environ 2,5 cm (1 po) d'eau. Couvrir. Porter à ébullition.

Stériliser des bocaux de 500 ml de fruits 20 minutes, de légumes, de 10 à 15 minutes ou selon les indications de la recette.

Enlever le couvercle de la casserole et attendre 5 minutes.

Utiliser une pince à bocal pour les déposer facilement sur un linge propre.

Refroidir pendant 24 heures - sans resserrer les bagues – avant de les déplacer pour les entreposer.

Vérifier l'étanchéité de chacun (voir *Étapes de scellage*, aux pages 14 et 15).

Étiqueter et inscrire la date.

Attendre préférablement 3 à 6 semaines avant de les déguster.

Tests de gélification

À l'aide d'une cuillère

Retirer le chaudron de la source de chaleur avant de faire le test. Tremper une cuillère de métal froid quand le mélange est bouillant. Laisser égoutter une petite quantité. Si les gouttes forment une nappe en tombant de la cuillère (les gouttes s'agglutinent en une seule), alors le point de gélification est atteint.

Dans une soucoupe

Retirer le chaudron de la source de chaleur. Verser une cuillère à thé de mélange dans une soucoupe refroidie au congélateur, la remettre au congélateur 1 minute ou au réfrigérateur environ 3 minutes. Passer un doigt ou une petite cuillère au centre du liquide. Si des plis se forment, la gélification est à point.

À l'aide d'un thermomètre

D'ordinaire, l'utilisation d'un thermomètre à bonbons fait le travail. Réchauffer le thermomètre pour ne pas qu'il éclate dans la préparation, par exemple, en le conservant dans une tasse d'eau chaude à portée de main. Insérer le thermomètre dans le mélange chaud, sans qu'il touche le fond du chaudron. La température doit atteindre 104 °C (220 °F).

Nota : Calibrer le thermomètre avant son utilisation. Il suffit de le mettre dans de l'eau bouillante. Il doit indiquer 100 °C (212 °F). Ajuster en conséquence.

Conserves
à l'autoclave

Conseils et technique d'utilisation et recettes de base

La mise en conserve sous pression est utilisée pour des aliments à faible acidité (pH de 4,6 et plus), comme les légumes, la viande, la volaille, le poisson et les fruits de mer. C'est la seule méthode recommandée et éprouvée, si l'on ne veut pas risquer l'empoisonnement alimentaire.

Cette technique ressemble à la stérilisation à l'eau bouillante, utilisée dans la mise en conserve d'aliments acides tels que les confitures, les chutneys et les marinades, mais les traite à une température de 116 °C (240 °F). Cela détruit les bactéries nocives et assure que les aliments seront bien conservés. Les aliments laissés à l'air libre pendant de longues périodes subissent l'attaque des bactéries, moisissures et champignons qui les détériorent rapidement. Ce qui est visible à l'œil nu ou à l'odeur. Dans le cas des conserves, où souvent les résultats d'une mauvaise conservation sont difficiles à détecter, on ne s'en rend pas toujours compte aussi facilement. En cas de doute, il vaut mieux jeter que de risquer un empoisonnement.

Le *Clostridium botulinum* produit une spore qui fabrique une toxine causant le botulisme, une intoxication alimentaire grave qui peut entraîner la paralysie et même la mort. Cette toxine est détruite à une température élevée de 115 °C (240 °F), qui n'est atteinte que dans une marmite autoclave, et non en utilisant le procédé à l'eau bouillante. La technique à l'eau bouillante, qui atteint une chaleur de 100 °C (212 °F), est sécuritaire pour les aliments à plus forte teneur en acidité.

L'acidité d'un aliment déterminera la méthode de conservation. Se rappelez que les bactéries dangereuses pour la santé ne peuvent proliférer dans un milieu acide (pH de 4,6 et moins), mais survivent très facilement dans un milieu à faible acidité (pH de 4,6 et plus).

Comment fonctionne l'autoclave

Distinguons la marmite à pression (communément appelée « Presto ») et l'autoclave. L'autoclave, ou « marmite autoclave », est plus haute, possède aussi un régulateur de pression et un manomètre qui mesure la pression interne dans l'autoclave, ce qui n'est pas le cas pour la marmite à pression.

Les autoclaves sont habituellement calibrés pour la région où ils sont vendus en fonction de l'altitude. Le manuel du fabricant indique clairement ces données. La température et la pression suggérées dans les recettes peuvent varier d'un appareil à l'autre. C'est pourquoi il faut absolument suivre les directives du fabricant quant à l'utilisation de votre autoclave et se conformer aux instructions.

Il existe une autre sorte de marmite dite à poids régulateur sans manomètre. Elle utilise soit un poids, soit une série de 3 poids distincts pour régler la pression. Suivre les instructions du fabricant et utiliser les bons poids pour régler la pression qui est sensiblement la même que celle d'un autoclave à manomètre. Attention de ne pas endommager les poids pour conserver la précision de l'appareil.

Le manuel d'instructions du fabricant indique également comment entretenir l'autoclave après la stérilisation. Il s'agit surtout de dévisser le manomètre et de ne jamais l'immerger.

On utilise l'autoclave sur une cuisinière, dans la maison, et non à l'extérieur sur un brûleur à gaz.

Pour tous les modèles, l'eau chauffée se transforme en vapeur, ce qui crée la pression. La pression qui augmente fait augmenter aussi la température interne. Pour obtenir une pression de 69 kPa (10 lb), la température grimpe à 116 °C (240 °F) à l'intérieur de l'autoclave. C'est une chaleur « pressurisée » détruisant les bactéries nuisibles pour la santé.

Dans les recettes courantes, on stérilise les bocaux entre 69 et 103 kPa (10 et 15 lb) de pression, tout dépend de la marque d'autoclave utilisée (elle peut varier quelque peu). Après que le temps exigé par la recette est écoulé, la marmite est retirée de la source de chaleur et la pression chute graduellement jusqu'à zéro. Lorsque la pression est nulle, on peut retirer le couvercle en toute sécurité et sortir les bocaux bouillants à l'aide de pinces.

Les bocaux sont scellés par la création d'un vide lors du refroidissement. C'est ce qui empêchera la formation de nouveaux microorganismes et donc la détérioration des aliments. Par mesure de sécurité, faire tout de même bouillir pendant 10 minutes les aliments en conserve dont la teneur en acidité est faible, y compris les tomates, au moment de l'ouverture, car les odeurs sont difficiles à détecter dans un produit froid. Jeter toute conserve à l'odeur désagréable ou dont l'apparence est douteuse. **Et surtout, ne pas y goûter.**

Comme pour la stérilisation à l'eau bouillante, les bocaux de style Mason sont recommandés. Ils sont fabriqués en différents formats pratiques de 250 ml, 500 ml et 1 litre. Vous pouvez stériliser, selon le modèle, entre 18 à 20 bocaux de 500 ml et 7 bocaux de 1 litre à la fois.

Somme toute, quand on a apprivoisé cet appareil, il est de plus en plus facile de cuisiner les conserves maison, et cela deviendra une opération aussi simple que de faire rôtir un poulet.

Conserves de légumes

La méthode sous pression est la seule méthode qui soit sécuritaire pour les légumes.

Pour avoir des conserves réussies, il faut tenter de faire ses conserves le jour de la cueillette des légumes, sinon la saveur des produits s'atténuera. Il peut même y avoir des changements de couleur. Choisir des légumes plus jeunes que trop matures, non meurtris et sans taches.

Conserves de légumes crus

Bien laver les légumes crus. Il faut les empoter dans des bocaux chauds et les recouvrir d'eau bouillante.

Conserves de légumes cuits

On parle ici de « précuisson »; les légumes seront chauffés dans l'eau bouillante jusqu'à ce qu'ils soient chauds de part en part. Ils sont alors empotés et recouverts d'eau de cuisson ou d'une autre eau bouillante. Dans le cas des asperges et de certains légumes verts qui transmettent trop d'amertume à la première eau de cuisson, il vaut mieux mettre une eau bouillante fraîche.

Il faut toujours laisser 2,5 cm (1 po) d'espace libre dans le haut des bocaux après l'ajout de liquide. L'ajout de sel est facultatif. Utiliser du sel à marinade (2,5 ml [½ c. à thé] par 500 ml [2 tasses] - 5 ml [1 c. à thé] par litre) qui ne contient aucun additif qui risque de brouiller le liquide et de former un dépôt. Certaines épices, particulièrement la sauge, sont affadies par la cuisson. Les éviter.

Consulter le *Tableau d'ajustement selon l'altitude pour les aliments à faible acidité*, à la page 18) et celui fourni dans le manuel du fabricant pour vérifier la pression à utiliser pour la mise en conserve à une altitude de 2 000 pieds et moins avec l'autoclave. Le temps de traitement demeure le même, peu importe l'altitude.

Nota : Pour toutes les conserves suivantes, empoter en laissant 2,5 cm (1 po) d'espace dans le haut des bocaux. Toujours recouvrir d'eau bouillante dans l'autoclave, sauf indications contraires.

Conserves de légumes

Asperges

Nettoyer les légumes sous l'eau du robinet. Égoutter. Couper les extrémités dures et peler. Rincer. Les couper ou les laisser entières. Empoter. Stériliser à 76 kPa (11 lb) de pression pendant 30 minutes pour les bocaux de 500 ml et 40 minutes pour les bocaux de 1 litre.

Remplissage à froid : remplir les bocaux chauds des asperges crues. Stériliser.

Remplissage à chaud : faire bouillir les asperges 2 à 3 minutes. Égoutter. Jeter l'eau de cuisson. Remplir les bocaux chauds d'asperges chaudes sans les tasser. Stériliser.

Betteraves

Couper les fanes en laissant 2,5 cm (1 po) de tige. Laver et brosser. Couvrir d'eau bouillante et cuire entre 15 à 25 minutes. Égoutter et tiédir. Retirer la peau, les tiges et les racines. Selon la grosseur et le type de bocaux utilisés, couper les betteraves en cubes, en rondelles ou les laisser entières. Empoter. Stériliser à 76 kPa (11 lb) de pression pendant 30 minutes pour les bocaux de 500 ml et 35 minutes pour les bocaux de 1 litre.

Carottes

Laver et gratter les jeunes carottes (elles sont moins fibreuses). Couper en tranches ou en dés ou les laisser entières. Empoter. Couvrir d'eau bouillante. Stériliser à 76 kPa (11 lb) de pression pendant 25 minutes pour les bocaux de 500 ml et 30 minutes pour les bocaux de 1 litre.

Remplissage à froid : remplir les bocaux chauds de carottes crues. Stériliser.

Remplissage à chaud : faire cuire les carottes 5 minutes dans l'eau bouillante. Égoutter. Remplir les bocaux chauds de carottes chaudes en les tassant. Stériliser.

Champignons

Trier et faire tremper 10 minutes dans un bain d'eau froide pour mieux les laver. Couper les tiges et les parties décolorées des champignons. Couper les plus gros et laisser les petits entiers. Cuire 5 minutes dans l'eau bouillante. Égoutter. Empoter les champignons chauds dans des pots chauds en les tassant. Stériliser à 76 kPa (11 lb) de pression pendant 45 minutes pour les bocaux de 250 ml et 500 ml.

Nota : Pour conserver la couleur des champignons, ajouter 0,5 ml (1/8 c. à thé) d'acide ascorbique (vitamine C) par 500 ml (2 tasses).

Citrouille et courges d'hiver

Laver et vider les courges. Couper en tranches puis en cubes de 2,5 cm (1 po). Couvrir d'eau bouillante et cuire 2 minutes. Égoutter. Empoter la courge sans la tasser (ne pas empoter de courge en purée). Stériliser à 76 kPa (11 lb) de pression pendant 55 minutes pour les bocaux de 500 ml et 90 minutes pour les bocaux de 1 litre.

Haricots et pois secs

Trier les haricots et les pois et jeter les légumes décolorés. Couvrir d'eau. Tremper 12 à 18 heures dans un endroit frais. Égoutter. Transférer dans un chaudron. Couvrir d'eau bouillante. Cuire 2 minutes. Laisser tremper hors du feu pendant 1 heure. Égoutter. Recouvrir d'eau fraîche et faire bouillir 30 minutes. Conserver l'eau de cuisson. Empoter. Couvrir d'eau de cuisson chaude. Stériliser à 76 kPa (11 lb) de pression pendant 75 minutes pour les bocaux de 500 ml et 90 minutes pour les bocaux de 1 litre.

Remplissage à chaud : remplir les bocaux chauds de haricots ou de pois chauds et d'eau de cuisson. Stériliser.

Haricots verts ou jaunes

Choisir de jeunes haricots. Nettoyer, équeuter et effiler. Les couper en morceaux de 2,5 cm (1 po) ou laisser entiers. Empoter. Stériliser à 76 kPa (11 lb) de pression pendant 20 minutes pour les bocaux de 500 ml et 25 minutes pour les bocaux de 1 litre.

Remplissage à froid : remplir les bocaux chauds de haricots crus. Stériliser.

Remplissage à chaud : faire bouillir les haricots 5 minutes. Égoutter. Jeter l'eau de cuisson. Remplir les bocaux chauds de haricots chauds sans les tasser. Stériliser.

Légumes verts

Trier et laver les jeunes légumes fraîchement cueillis. Mettre environ 500 g (1 lb) de légumes verts dans une marguerite ou un coton fromage pour les cuire à la vapeur de 3 à 5 minutes ou jusqu'à ce qu'ils soient attendris. Empoter les légumes chauds dans des pots chauds sans les tasser. Stériliser à 76 kPa (11 lb) de pression pendant 70 minutes pour les bocaux de 500 ml et 90 minutes pour les bocaux de 1 litre.

Maïs

Éplucher et nettoyer les épis de maïs jeunes et tendres. Blanchir pendant 3 minutes dans l'eau bouillante. Égoutter. Couper les grains à environ 2 cm (3/4 po) de l'épi (ne pas « gratter » l'épi). Empoter. Stériliser à 76 kPa (11 lb) de pression pendant 25 minutes pour les bocaux de 500 ml et 30 minutes pour les bocaux de 1 litre.

Remplissage à froid : remplir les bocaux chauds de grains de maïs cru en les tassant. Stériliser.

Remplissage à chaud : Compter 250 ml (1 tasse) d'eau bouillante par litre (4 tasses) de grains de maïs. Faire cuire le maïs 5 minutes dans l'eau bouillante. Égoutter. Remplir les bocaux chauds de maïs chaud en tassant. Stériliser.

Pois verts

Écosser et laver les jeunes pois verts frais cueillis et les rincer. Empoter. Stériliser à 76 kPa (11 lb) de pression pendant 40 minutes pour les bocaux de 500 ml et de 1 litre.

Remplissage à froid : remplir les bocaux chauds de pois crus sans les tasser. Stériliser.

Remplissage à chaud : faire cuire les pois 2 minutes dans l'eau bouillante. Égoutter. Remplir les bocaux chauds de pois chauds en ne les tassant pas, tout en évitant de les agiter ou de les presser. Stériliser.

Pommes de terre nouvelles

Choisir des pommes de terre d'environ 2,5 à 6 cm (1 à 2½ po) de diamètre. Laver, gratter et rincer les pommes de terre. Les couper en cubes de 1 cm (½ po) si désiré. Couvrir d'eau et ajouter de l'acide ascorbique, soit 5 ml (1 c. à thé) par 4 litres (1 gallon) pour éviter le brunissement. Égoutter. Empoter. Stériliser à 76 kPa (11 lb) de pression pendant 35 minutes pour les bocaux de 500 ml et 40 minutes pour les bocaux de 1 litre.

Remplissage à chaud : Préparer les pommes de terre (méthode ci-dessus) et les transférer dans un chaudron. Cuire 2 minutes les pommes de terre en morceaux et 10 minutes celles qui sont entières. Remplir les bocaux chauds de pommes de terre chaudes. Couvrir d'eau bouillante. Stériliser.

Fruits et tomates

Les conserves de fruits à l'autoclave se font comme les conserves à l'eau bouillante. Le choix des fruits et des tomates est important : utiliser des fruits mûrs, pas trop fermes. Pour prévenir le brunissement, les faire tremper dans une eau additionnée d'acide ascorbique ou citrique (5 ml [1 c. à thé] par 4 litres [1 gallon] d'eau ou selon le mode d'emploi suggéré).

On peut ajouter des sirops très légers ou épais fabriqués préférablement avec du sucre granulé. On peut remplacer la moitié du sucre par du miel par exemple. Éviter les succédanés sans calories. On peut aussi conserver les fruits sans sucre. (Voir *Fruits en sirop*, à la page 174). Il ne faut pas oublier que certains fruits chauffés libèrent du jus, diluant ainsi le sirop ajouté.

Nota : Empoter les fruits chauds dans des bocaux chauds. Laisser 1 cm (½ po) d'espace dans le haut des bocaux. Couvrir de liquide. Stériliser à 76 kPa (6 lb) de pression pendant 6 à 40 minutes selon les fruits et les bocaux utilisés (500 ml ou 1 litre).

Abricots

Blanchir, peler et dénoyauter les abricots. Les couper en deux ou laisser entiers et les déposer dans un bain d'eau acidifiée. Chauffer les fruits dans le sirop ou dans l'eau pour qu'ils soient chauds de part en part. Empoter. Stériliser.

Baies (sauf les fraises)

Laver et équeuter les fruits. Les chauffer 30 secondes dans l'eau bouillante. Égoutter. Empoter. Stériliser.

Cerises

Dénoyauter les cerises ou les conserver entières en les piquant à l'aide d'une aiguille, pour éviter qu'elles fendent. Chauffer les cerises dans le sirop ou dans l'eau. Porter à ébullition à couvert. Laisser tiédir hors du feu dans le chaudron 5 à 9 minutes avant d'empoter. Empoter. Stériliser.

Pêches

Blanchir, peler et dénoyauter les pêches. Les couper en deux et les déposer dans un bain d'eau acidifiée. Chauffer les pêches dans le sirop ou dans l'eau pour qu'elles soient chaudes de part en part. Empoter côté plat vers le bas. Stériliser.

Poires

Peler et couper les poires sur la longueur. Enlever le cœur et les déposer dans un bain d'eau acidifiée. Faire bouillir dans le sirop choisi ou dans l'eau environ 5 minutes. Empoter. Stériliser.

Prunes

Couper les prunes en deux et les dénoyauter ou les conserver entières en les piquant à l'aide d'une aiguille (pour les variétés à noyau adhérent), pour éviter qu'elles fendent. Porter à ébullition 2 minutes à couvert dans le sirop ou dans l'eau. Laisser tiédir hors du feu dans le chaudron 20 à 30 minutes avant d'empoter. Empoter. Stériliser.

Rhubarbe

Couper les tiges en morceaux de 1,2 cm (½ po). Porter à ébullition dans une eau sucrée (environ 125 ml [½ tasse] de sucre par litre [4 tasses d'eau]). Amener au point d'ébullition lentement. Empoter. Stériliser.

Tomates ou pommes

Préparer les fruits. Faire bouillir les pommes ou les tomates dans le sirop choisi ou dans l'eau environ 5 minutes. Empoter. Stériliser.

Compote de pommes

Faire une compote (voir recette de compote, à la page 142). Réchauffer la compote jusqu'au point d'ébullition. Empoter. Stériliser.

Tomates entières ou en moitiés

Blanchir et peler les tomates. Les couper en deux ou les laisser entières et les déposer dans un bain d'eau acidifiée. Empoter les tomates crues sans les chauffer. Ajouter du sel si désiré (5 ml [1 c. à thé] par litre [4 tasses] ou 2,5 ml [½ c. à thé] par 500 ml [2 tasses]). Stériliser.

Temps de stérilisation pour chaque fruit

41 kPa (6 LB) DE PRESSION	500 ML (minutes)	1 LITRE (minutes)
Abricots	10	10
Baies (sauf les fraises)	8	8
Cerises	8	10
Compote de pommes et poires	8	10
Jus de tomate	20	20
(ou à 11 lb de pression)	15	15
Pêches	10	10
Poires	10	10
Pommes et tomates	8	8
Prunes	10	10
Rhubarbe	8	8
Sauce aux tomates	20	20
ou à 11 lb de pression	15	15
Tomates entières ou en moitiés	40	40
(ou à 11 lb de pression)	25	25

(ou selon le fabricant)

Tableau de base des agents acidifiants pour les conserves de tomates

Bocal	Acide citrique	Jus de citron*
500 ml	1 ml (1/4 c. à thé)	15 ml (1 c. à soupe)
1 litre	2,5 ml (1/2 c. à thé)	30 ml (2 c. à soupe)
1,5 litre	3,5 ml (3/4 c. à thé)	45 ml (3 c. à soupe)

* Ajouter 5 ml (1 c. à thé) de sucre granulé par bocal de 1 litre et ajouter aussi du jus de citron en bouteille.

Jus de tomate

Suivre la recette de jus de tomate (voir à la page 52). Empoter le jus chaud. Stériliser.

Sauce aux tomates

Suivre la recette de sauce tomate (voir à la page 53). Empoter la sauce chaude. Stériliser.

Nota : Les conserves de salsa ne peuvent être stérilisées à l'autoclave. La méthode à l'eau bouillante est conseillée.

Viandes

La mise en conserve sous pression des viandes est la seule méthode sécuritaire.

Les viandes doivent être conservées au froid le plus longtemps possible et manipulées rapidement. Utiliser des viandes maigres dont on a retiré les os et les tendons. Les faire brunir sans farine. On ajoutera la farine au service en utilisant le bouillon dans le bocal. L'ajout de sel est facultatif. Utiliser du sel à marinade (2,5 ml [½ c. à thé] par 500 ml [2 tasses] ou 5 ml [1 c. à thé] par litre [4 tasses]) qui ne contient aucun additif qui risque de brouiller le liquide et de former un dépôt.

Voir les étapes au début de la section.

Viandes coupées (languettes, cubes ou gros morceaux) d'agneau, bœuf, veau, porc ou de gibier

Retirer l'excédent de gras, les gros os et faire tremper la viande 1 heure dans une saumure préparée avec 15 ml (1 c. à soupe) de sel à marinade par litre (4 tasses) d'eau. Rincer. Couper la viande à la grosseur désirée.

Empoter sans la tasser en laissant 2,5 cm (1 po) d'espace dans le haut des bocaux. Couvrir de bouillon chaud en laissant 2,5 cm (1 po) d'espace dans le haut des bocaux. Stériliser à 76 kPa (11 lb) de pression pendant 75 minutes pour les bocaux de 500 ml et 90 minutes pour les bocaux de 1 litre.

Remplissage à froid : remplir les bocaux chauds de viande crue. Ne pas ajouter de liquide. Stériliser.

Remplissage à chaud : faire une précuisson de la viande en la grillant ou en la bouillant ou encore en la faisant frire très légèrement pour qu'elle demeure saignante. Remplir les bocaux chauds de viande saignante en ne la tassant pas. Couvrir d'eau, de bouillon ou de jus de tomate (ne pas verser de sauce épaissie avec de la farine). Stériliser.

Viandes hachées (d'agneau, de porc, de bœuf, de veau ou de gibier)

Ajouter une partie de gras de porc (de qualité) pour 3 à 4 parties de viande de gibier avant de hacher. La viande hachée peut être mélangée avec de la chair à saucisses préparée.

Elle peut être sautée en galettes, ou en boulettes. Éliminer l'excédent de gras. L'ajout de sel est facultatif (voir à la page 35).

Empoter sans tasser en laissant 3 cm (1¼ po) d'espace dans le haut des bocaux. Couvrir d'eau ou de bouillon chaud en laissant toujours 3 cm (1¼ po) d'espace dans le haut des bocaux. Stériliser.

Volaille

La mise en conserve sous pression des volailles est la seule méthode sécuritaire.

Tailler la volaille en morceaux/portions prêts à servir. Cuire la volaille jusqu'à ce qu'il n'y ait presque plus de rose près de l'os pour une viande bien cuite ou faire bouillir dans l'eau ou un bouillon. Désosser. Empoter la viande coupée chaude dans des bocaux chauds. L'ajout de sel est facultatif. Utiliser du sel à marinade (voir à la page 35). Empoter en laissant 3 cm (1¼ po) d'espace dans le haut des bocaux. Couvrir d'eau ou de bouillon chaud ou d'eau en laissant toujours 3 cm (1¼ po) d'espace dans le haut des bocaux. Stériliser.

Lapin

La mise en conserve sous pression du lapin est la seule méthode sécuritaire.

Faire tremper le lapin 1 heure dans de l'eau salée (15 ml [1 c. à soupe] par litre [4 tasses]). Rincer et retirer l'excédent de gras. On taillera le lapin en morceaux/portions prêts à servir. Cuire le lapin dans l'eau bouillante ou au four jusqu'à ce que la chair ne soit plus rosée. Désosser si désiré. Empoter la viande coupée chaude sans la tasser dans des bocaux chauds. Empoter en laissant 3 cm (1¼ po) d'espace dans le haut des bocaux. Couvrir d'eau ou de bouillon chaud en laissant toujours 3 cm (1¼ po) d'espace dans le haut des bocaux. Stériliser.

Poisson (sauf le thon)

La mise en conserve sous pression du poisson est la seule méthode sécuritaire.

Mettre en conserve du poisson très frais, évidé, écaillé et pêché le jour même. On doit faire des essais car toutes les variétés de poisson ne se prêtent pas à la mise en conserve. Le thon et le saumon sont le plus souvent cuisinés en conserve.

Stérilisation de la volaille ou du lapin

76 kPa (11 LB) DE PRESSION	500 ML	1 LITRE
avec os	65 minutes	75 minutes
désossé	75 minutes	90 minutes

(ou selon le fabricant)

Couper le poisson en filets ou en gros morceaux de la longueur des bocaux. Les petits poissons sont conservés entiers.

Empoter côté peau vers l'extérieur en laissant 2,5 cm (1 po) d'espace dans le haut des bocaux. Couvrir d'eau ou de bouillon chaud en laissant toujours 2,5 cm (1 po) d'espace dans le haut des bocaux. Stériliser à 76 kPa (11 lb) de pression pendant 100 minutes pour des bocaux de 500 ml.

Thon

Cuire le thon 1 heure au four à 175 °C (350 °F). Refroidir une nuit au frais pour que la chair se raffermisse. Retirer la peau et les arêtes. Tailler la chair en morceaux de 2,5 cm (1 po). Empoter en tassant et en laissant 2,5 cm (1 po) d'espace dans le haut des bocaux. Couvrir d'eau de cuisson, d'huile chaude ou de bouillon en laissant toujours 2,5 cm (1 po) d'espace dans le haut des bocaux. Stériliser à 76 kPa (11 lb) de pression pendant 100 minutes pour des bocaux de 250 ml.

Bouillons

La mise en conserve sous pression des soupes et bouillons est la seule méthode sécuritaire.

Les bouillons doivent être bien cuits. Préparer une recette de bouillon maison. Filtrer et refroidir afin de dégraisser. Réchauffer le bouillon jusqu'au point d'ébullition. Empoter chaud dans des bocaux chauds en laissant toujours 2,5 cm (1 po) d'espace dans le haut des bocaux. Stériliser à 76 kPa (11 lb) de pression pendant 20 minutes pour des bocaux de 500 ml et 25 minutes pour les bocaux de 1 litre.

Soupe aux tomates et crèmes de légumes

Préparer une recette de soupe aux tomates maison. Réchauffer la soupe jusqu'au point d'ébullition. Retirer la feuille de laurier, s'il y en a une. Empoter chaud dans des bocaux chauds en laissant toujours 2,5 cm (1 po) d'espace dans le haut des bocaux. Stériliser à 76 kPa (11 lb) de pression pendant 20 minutes pour des bocaux de 500 ml et 25 minutes pour les bocaux de 1 litre.

Soupes

Les soupes doivent être cuites. Réchauffer jusqu'au point d'ébullition. Les empoter chaudes dans des bocaux chauds en laissant toujours 2,5 cm (1 po) d'espace dans le haut des bocaux. Stériliser selon la densité de la soupe (consulter le tableau ci-dessous).

Stérilisation des soupes aux légumes, avec viandes ou légumineuses

76 kPa (11 LB) DE PRESSION	500 ML	1 LITRE
aux légumes	55 minutes	85 minutes
viandes ou légumineuses	75 minutes	90 minutes

(ou selon le fabricant)

Les temps et les pressions de stérilisation suggérés proviennent du guide d'utilisation du fabricant de modèles d'autoclave *Presto, National Presto Industries Inc.*

Chili
con carne

- 1 l (4 tasses) de haricots rouges
- 2 kg (4,4 lb) de bœuf haché maigre
- 2 poivrons rouges en dés
- 2 poivrons verts en dés
- 2 poivrons cubanel
- 2 oignons hachés
- 4 gousses d'ail hachées
- 3 l (12 tasses) de tomates concassées
- 60 ml (1/4 tasse) de pâte de tomates
- 500 ml (2 tasses) de bouillon de bœuf
- 5 ml (1 c. à thé) de cumin
- 1 ml (1/4 c. à thé) de piments chili ancho et chipotle moulus (facultatif)
- 5 ml (1 c. à thé) de chili broyé
- 2,5 ml (1/2 c. à thé) d'origan séché
- 10 ml (2 c. à thé) de paprika
- Huile d'olive
- Sel et poivre

Tremper les haricots toute la nuit (12 à 18 heures) dans l'eau froide. Rincer. Transférer dans un chaudron d'eau bouillante. Bouillir 15 à 20 minutes. Les fèves ne doivent pas être trop tendres. Égoutter. Faire revenir l'oignon avec les poivrons et l'ail dans un peu d'huile d'olive dans un chaudron. Hors du feu, ajouter la viande hachée (elle doit demeurer rosée), les tomates concassées et les épices. Remuer. Saler et poivrer. Ajouter les fèves et la pâte de tomates. Verser le bouillon. Remuer. Empoter. Stériliser à 76 kPa (11 lb) de pression pendant 75 minutes pour les bocaux de 500 ml et 90 minutes pour les bocaux de 1 litre. Donne environ 9 bocaux de 1 litre.

Soupe aux Pois
traditionnelle

500 ml (2 tasses) de pois secs
250 ml (1 tasse) de lard salé ou du bacon en dés
3 l (12 tasses) d'eau filtrée
1 oignon espagnol en dés ou 3 oignons jaunes
3 carottes en dés
2 feuilles de laurier
4 branches de céleri en dés et leurs feuilles hachées
5 ml (1 c. à thé) de sarriette séchée
Sel et poivre

Rincer les pois à l'eau froide. Les déposer dans un gros chaudron avec tous les ingrédients. Porter à ébullition et bouillir quelques minutes. Retirer du feu. Reposer 1 heure. Faire bouillir à nouveau. Réduire le feu et mijoter à couvert 20 minutes. Rectifier l'assaisonnement. Saler au goût. Empoter. Stériliser à 76 kPa (11 lb) de pression pendant 75 minutes pour les bocaux de 500 ml et 90 minutes pour les bocaux de 1 litre. Donne environ 4 bocaux de 1 litre.

Nota : Utiliser du bacon bio haché pour remplacer le lard. Ajuster le sel au moment de servir.

Fèves au lard
traditionnelles

1 l (4 tasses) de haricots blancs « Navy »
250 g (½ lb) de lard salé ou bacon
500 ml (2 tasses) d'eau
1 boîte de 156 ml/6 oz de pâte de tomates
250 ml (1 tasse) de mélasse
125 ml (½ tasse) de cassonade dorée
15 ml (1 c. à soupe) de moutarde sèche
2 oignons hachés finement
15 ml (1 c. à soupe) de sel de mer
2,5 ml (½ c. à thé) de poivre noir moulu

Tremper les haricots toute la nuit (12 à 18 heures) dans l'eau froide. Rincer. Transférer dans un chaudron d'eau bouillante. Bouillir 15 à 20 minutes. Les fèves ne doivent pas être trop tendres. Égoutter en conservant de l'eau de cuisson. Diluer la pâte de tomates dans 500 ml (2 tasses) d'eau pour en faire une sauce. Couper le lard ou le bacon en petits morceaux. Faire revenir dans une poêle avec l'oignon. Éponger sur deux épaisseurs d'essuie-tout. Mélanger la mélasse, la cassonade, la sauce tomate et la moutarde. Ajouter le sel, le lard et les oignons. Mélanger. Remplir les bocaux de fèves au trois quarts du bocal. Ajouter de la sauce dans tous les bocaux et ajouter de l'eau de cuisson au besoin. Stériliser à 76 kPa (11 lb de pression pendant 80 minutes pour les bocaux de 500 ml et 95 minutes pour les bocaux de 1 litre. Donne environ 3 bocaux de 1 litre.

Ratatouille
niçoise

6 tomates blanchies ou l'équivalent en conserve
6 courgettes
4 à 6 aubergines
2 gros oignons
3 à 4 gousses d'ail hachées
175 ml (3/4 tasse) d'huile d'olive
5 ml (1 c. à thé) de basilic séché
2,5 ml (1/2 c. à thé) d'origan
2,5 ml (1/2 c. à thé) de thym
15 ml (1 c. à soupe) de sucre
5 ml (1 c. à thé) de jus de citron (facultatif)
Sel de mer
Poivre noir moulu

Trancher les légumes en rondelles moyennes. Écraser les tomates et les saler. Chauffer l'huile et faire dorer l'oignon, puis les autres légumes environ 5 minutes. Ajouter les tomates, l'ail haché et les herbes. Mélanger. Poivrer. Empoter en ajoutant 15 ml (1 c. à soupe) d'huile d'olive dans chaque bocal. Stériliser à 76 kPa - 11 lb de pression pendant 75 minutes pour les bocaux de 500 ml et 90 minutes pour les bocaux de 1 litre. Donne environ 4 bocaux de 1 litre.

Nota : On peut servir la ratatouille froide en y ajoutant un filet de jus de citron ou d'huile d'olive.

Boulettes
Teriyaki

Boulettes

- 2,7 kg (5 lb) de bœuf haché maigre
- 6 œufs
- 90 ml (6 c. à soupe) de farine

Sauce

- 0,5 ml (⅛ c. à thé) de poivre moulu
- 250 ml (1 tasse) de sucre
- 375 ml (1½ tasse) de sauce soja légère
- 2 l (8 tasses) de bouillon de bœuf réduit en sel
- 250 ml (1 tasse) de vin blanc sec (ou saké)
- 45 ml (3 c. à soupe) de gingembre haché fin
- 45 ml (3 c. à soupe) d'ail haché fin
- Fécule de maïs (au service)

Préchauffer le four à 200 °C (400 °F). Mettre une feuille de papier parchemin sur une plaque à cuisson. Battre les œufs dans un grand bol. Incorporer la farine, le sel et le poivre. Mélanger. Ajouter le bœuf haché et bien mélanger. Façonner des boulettes de 2,5 cm (1 po) ou plus petites pour servir en entrées. Cuire 15 minutes. Pendant la cuisson, mélanger les ingrédients de la sauce. Remplir les bocaux de boulettes en laissant environ 5 cm (2 po). Verser la sauce dans tous les bocaux et ajouter de l'eau au besoin.

Stériliser à 76 kPa (11 lb) de pression pendant 70 minutes pour les bocaux de 500 ml et 90 minutes pour les bocaux de 1 litre. Donne environ 5 bocaux de 1 litre.

Nota : Au service, épaissir la sauce avec un peu de fécule de maïs si désiré (environ 15 ml [1 c. à soupe] par 250 ml [1 tasse] de sauce).

Conserves de tomates

Les conserves de tomates sont faciles à faire et ne demandent qu'un peu de temps et d'organisation. Quel luxe de pouvoir se créer des réserves de grande qualité et d'un goût incroyablement frais de vraies tomates gorgées de soleil ! Si on ne possède pas de potager, acheter les tomates au marché public ou directement chez un cultivateur local où l'on peut faire de bonnes économies.

J'ai résumé les étapes pour vous aider à réussir vos conserves de tomates. Cette section spéciale leur est entièrement consacrée !

Le choix des tomates

Les tomates doivent être de qualité, bien mûres et fermes. Choisir des variétés cultivées à l'extérieur (qui ont mûri au soleil) plutôt que les tomates dites de « serre ». Le goût est différent et, pour les conserves, c'est plus économique.

Valeurs comparatives

Tomates rondes

454 g (1 lb) = 2 à 3 grosses tomates ou 4 petites

1 boisseau = 24 kg (53 lb) = 106 à 160 tomates moyennes ou 212 petites

Tomates italiennes

454 g (1 lb) = 4 à 5 tomates moyennes ou 6 à 7 petites

1 boisseau = 24 kg (53 lb) = 212 à 265 tomates moyennes ou 318 à 371 petites

Tomates préparées

Tomates hachées

500 ml (2 tasses) = 1 lb

Tomates écrasées

625 ml (2½ tasses) ou 375 ml (1½ tasse) de tomates pelées, écrasées ou en purée

On hésite entre les tomates rondes et les tomates italiennes ? Comme on le voit dans le tableau de gauche, il faut compter environ le double de tomates italiennes par kilo (livre). Cette variété contient moins de liquide et donc plus de chair.

Depuis des siècles en Italie et dans les pays du bassin méditerranéen, les conserves de tomates sont la base de la cuisine traditionnelle. La « pomo doro » (pomme d'or comme on la nomme en Italie) est séchée au soleil, fraîche ou cuite en sauce.

Conseils utiles

Du marché à la maison

Acheter les tomates le jour de la mise en conserve.

Conserver les tomates à la température ambiante à l'abri du soleil, et pas au réfrigérateur qui en altérera le goût.

Faire mûrir les tomates vertes dans des sacs de papier ou les cuisiner en marinade (voir la recette de *ketchup vert* à la page 234), elles n'en seront que plus digestes.

Utiliser des casseroles en acier inoxydable et des plats en verre ou en céramique. Les ustensiles d'aluminium, de cuivre, de laiton, de matériaux galvanisés ou de fer créent une saveur désagréable et peuvent modifier la couleur.

Les ustensiles de bois, à cause de leur propriété absorbante, transmettent les saveurs d'un aliment à l'autre; les éviter.

Garder les conserves de tomates dans un endroit frais, à l'abri de la lumière. Placer au réfrigérateur les bocaux non stérilisés ou qui ont été ouverts.

Préparation des tomates

Laver les tomates à l'eau fraîche pour les débarrasser de la terre avant de les blanchir. Faire bouillir une grande casserole d'eau en acier inoxydable. Inciser la peau des tomates en X au bout contraire du pédoncule. Plonger les tomates dans l'eau bouillante 30 à 60 secondes par petites quantités. Préparer un grand bol d'eau froide ou remplir l'évier pour les y plonger lorsque la peau commence à se détacher. Peler avec précaution pour conserver toute la chair. Retirer le pédoncule en coupant un cercle autour et les parties meurtries ou décolorées.

Selon la recette, couper les tomates en deux et épépiner à l'aide d'une petite cuillère, des doigts ou en pressant délicatement. Cette opération permet de réduire le temps de cuisson, surtout si on désire faire du jus ou de la purée de tomates. Pour une grande quantité, un presse-purée est idéal.

Et plus encore...

Les tomates des supermarchés ont souvent été cueillies vertes. Les scientifiques les ont modifiées pour que leur mûrissement retarde afin de réduire les pertes durant le transport. Ces tomates sont donc moins savoureuses.

Acheter les tomates de producteurs locaux qui peuvent vous offrir ces fruits mûris naturellement. Il existe de ces variétés qui développent leur pleine saveur de manière plus complète sur la liane et demeurent fermes également. Ce qui compte, c'est la saveur des tomates.

Et pour finir...

Le degré d'acidité des tomates est primordial, car il garantit la conservation. Il est essentiel de s'en assurer. L'ajout de vinaigre, d'acide citrique ou de jus de citron dans chaque bocal fera le travail en agissant naturellement comme « rehausseur de saveur ».

L'acide citrique est un acide naturel réduit en poudre. Il est contenu dans les agrumes. On peut s'en procurer dans les épiceries ou en commander chez un manufacturier de bocaux de conserves.

Le jus de citron en bouteille est recommandé et le plus facile à se procurer. Il est plus fiable que le jus de citron pressé parce que son degré d'acidité est uniforme. Par contre, il a tendance à brouiller le liquide, ce que l'acide citrique ne fait pas.

Ajouter 5 ml (1 c. à thé) de sucre dans chaque bocal. Quant au vinaigre, on l'évite car il peut altérer le goût des tomates.

Tableau de base des agents acidifiants

Bocal	Acide citrique	Jus de citron*
500 ml	1 ml (1/4 c. à thé)	15 ml (1 c. à soupe)
1 litre	2,5 ml (1/2 c. à thé)	30 ml (2 c. à soupe)
1,5 litre	3,5 ml (3/4 c. à thé)	45 ml (3 c. à soupe)

* Ajouter 5 ml (1 c. à thé) de sucre granulé par bocal en plus du jus de citron.

Ne pas ajouter d'autres légumes aux tomates, car cela fera diminuer le taux d'acidité. Dans ce cas, changer de méthode de stérilisation et utiliser l'autoclave. L'ajout de sel est facultatif, c'est une question de goût personnel. Ne pas ajouter non plus d'herbes.

Les bocaux stérilisés entreposés peuvent présenter une « séparation » de la pulpe et du jus, surtout ceux préparés avec des tomates écrasées ou en purée. L'enzyme en cause, la pectase, est alors activée. Pour éliminer cette enzyme, il faut chauffer rapidement les tomates à 82 °C (180 °F) immédiatement après avoir coupé et épépiné les tomates. Déposer les tomates coupées dans un chaudron et porter à ébullition. Continuer d'ajouter des tomates en les écrasant au fur et à mesure, jusqu'à ce qu'elles aient toutes été réchauffées.

Tomates entières
(ou coupées)

Compter environ 1,35 kg (3 lb) de tomates entières pour 1 bocal de 1 litre

Pour 12 bocaux de 1 litre : 16,2 kg (36 lb)
Compter 72 à 108 tomates moyennes ou 144 petites

Jus de tomate (facultatif)

Jus de citron reconstitué ou acide citrique

Sel ou sucre (facultatif)

Eau ou jus de tomate (selon la méthode employée)

Ingrédients pour l'acidification

Bocal	Acide citrique	Jus de citron*
500 ml	1 ml (1/4 c. à thé)	15 ml (1 c. à soupe)
1 litre	2,5 ml (1/2 c. à thé)	30 ml (2 c. à soupe)
1,5 litre	3,5 ml (3/4 c. à thé)	45 ml (3 c. à soupe)
	Sel (facultatif)	
500 ml	2,5 ml (1/2 c. à thé)	
1 litre	5 ml (1 c. à thé)	
1,5 litre	6 ml (1 1/4 c. à thé)	

* Ajouter 5 ml (1 c. à thé) de sucre granulé par bocal en plus du jus de citron.

Stérilisation

Bocal	Méthode à froid	Méthode à chaud (+ eau)
500 ml	85 minutes	40 minutes
1 litre	85 minutes	45 minutes
1,5 litre	110 minutes	45 minutes
	Méthode à chaud (+ jus de tomate)	
500 ml	85 minutes	
1 litre	85 minutes	
1,5 litre	non disponible	

Voir en introduction *Empotage et stérilisation des conserves de tomates.*

Préparer les tomates. Aligner les bocaux sur votre aire de travail. Déposer les ingrédients suivants dans chaque bocal chaud avant de déposer les tomates : le jus de citron ou l'acide citrique, le sel ou le sucre au goût. Empoter (voir méthodes ci-dessous).

Méthode à froid sans addition de liquide

Utiliser des bocaux chauds pour y tasser les tomates préparée crues. Verser du jus afin qu'il remplisse le vide entre les tomates. Laisser un espace de tête de 1 cm (1/2 po). Stériliser (voir tableau ci-contre).

Méthode à chaud avec eau chaude

Recouvrir d'eau les tomates préparées. Faire bouillir pendant 5 minutes. Utiliser des bocaux chauds pour y tasser les tomates. Remplir le bocal jusqu'à 2 cm (3/4 po) du bord. Ajouter le liquide chaud ayant servi à les faire bouillir. Laisser un espace de tête de 1 cm (1/2 po). Stériliser (voir tableau ci-contre).

Méthode à chaud avec jus de tomate chaud

Recouvrir de jus de tomate les tomates préparées. Faire bouillir pendant 5 minutes. Utiliser des bocaux chauds pour y tasser les tomates. Remplir le bocal jusqu'à 2 cm (3/4 po) du bord. Ajouter le jus chaud ayant servi à les faire bouillir. Laisser un espace de tête de 1 cm (1/2 po). Stériliser (voir tableau ci-contre).

Jus de tomate

Compter environ 1,35 à 1,5 kg (3 à 3¼ lb) de tomates par bocal de 1 litre

Jus de citron reconstitué ou acide citrique

Sel (facultatif)

Nettoyer les tomates, les couper en quartiers sans les blanchir ni les épépiner. Déposer 500 ml (2 tasses) de tomates en quartiers à la fois dans un chaudron. Cuire à feu moyen-élevé et porter à ébullition. Écraser. Remuer la préparation. Ajouter ainsi tout le reste des tomates, 500 ml (2 tasses) à la fois. Mijoter pendant 5 minutes. S'il n'y a pas assez de jus, ajouter d'autres morceaux de tomates hachées qu'il faut écraser et porter à ébullition. Passer au tamis fin pour enlever les pelures et les graines. Ajouter l'agent acidifiant dans chaque bocal chaud avant de déposer les tomates, le sel ou le sucre au goût. Empoter. Stériliser (voir le tableau ci-contre).

Ingrédients pour l'acidification

Bocal	Acide citrique	Jus de citron*
500 ml	1 ml (¼ c. à thé)	15 ml (1 c. à soupe)
1 litre	2,5 ml (½ c. à thé)	30 ml (2 c. à soupe)
1,5 litre	3,5 ml (¾ c. à thé)	45 ml (3 c. à soupe)
	Sel (facultatif)	
500 ml	2,5 ml (½ c. à thé)	
1 litre	5 ml (1 c. à thé)	
1,5 litre	6 ml (1¼ c. à thé)	

* Ajouter 5 ml (1 c. à thé) de sucre granulé par bocal en plus du jus de citron.

Stérilisation

Bocal	Traitement
500 ml	35 minutes
1 litre	40 minutes
1,5 litre	50 minutes

Sauce tomate

Compter environ 1,35 à 1,5 kg (3 à 3¼ lb) de tomates par bocal de 1 litre

Jus de citron reconstitué ou acide citrique

Sel (facultatif)

Nettoyer les tomates, les couper en quartiers sans les blanchir ni les épépiner. Déposer 500 ml (2 tasses) de tomates en quartiers à la fois dans un chaudron. Cuire à feu moyen-élevé et porter à ébullition. Écraser. Remuer la préparation. Ajouter ainsi tout le reste des tomates, 500 ml (2 tasses) à la fois. Mijoter pendant 5 minutes. S'il n'y a pas assez de jus, ajouter d'autres morceaux de tomates hachées qu'il faut écraser et porter à ébullition. Passer au tamis fin pour enlever les pelures et les graines. Ajouter l'agent acidifiant dans chaque bocal chaud avant de déposer les tomates, le sel ou le sucre au goût. Empoter. Stériliser (voir le tableau ci-contre).

Ingrédients pour l'acidification

Bocal	Acide citrique	Jus de citron*
500 ml	1 ml (¼ c. à thé)	15 ml (1 c. à soupe)
1 litre	2,5 ml (½ c. à thé)	30 ml (2 c. à soupe)
1,5 litre	3,5 ml (¾ c. à thé)	45 ml (3 c. à soupe)
	Sel (facultatif)	
500 ml	2,5 ml (½ c. à thé)	
1 litre	5 ml (1 c. à thé)	
1,5 litre	6 ml (1¼ c. à thé)	

* Ajouter 5 ml (1 c. à thé) de sucre granulé par bocal en plus du jus de citron.

Stérilisation

Bocal	Traitement
500 ml	35 minutes
1 litre	40 minutes
1,5 litre	50 minutes

Tomates
écrasées

Compter environ 1,25 kg (2¾ lb) de tomates par bocal de 1 litre, soit 454 g (1 à 2½ lb/3 tasses) de tomates hachées

Jus de citron ou acide citrique

Sel ou sucre (facultatif)

Préparer les tomates. Couper en quartiers assez de tomates blanchies (8 à 10 tasses à la fois). Déposer 500 ml (2 tasses) de tomates en morceaux dans un chaudron. Cuire à feu moyen-élevé et porter à ébullition. Écraser. Remuer la préparation. Ajouter le reste des tomates en morceaux sans les écraser. Faire mijoter à feu doux pendant 5 minutes. Ajouter l'agent acidifiant dans chaque bocal chaud avant de déposer les tomates, le sel ou le sucre au goût. Empoter. Stériliser (voir le tableau ci-contre).

Ingrédients pour l'acidification

Bocal	Acide citrique	Jus de citron*
500 ml	1 ml (¼ c. à thé)	15 ml (1 c. à soupe)
1 litre	2,5 ml (½ c. à thé)	30 ml (2 c. à soupe)
1,5 litre	3,5 ml (¾ c. à thé)	45 ml (3 c. à soupe)
	Sel (facultatif)	
500 ml	2,5 ml (½ c. à thé)	
1 litre	5 ml (1 c. à thé)	
1,5 litre	6 ml (1¼ c. à thé)	

* Ajouter 5 ml (1 c. à thé) de sucre granulé par bocal en plus du jus de citron.

Stérilisation

Bocal	Traitement
500 ml	35 minutes
1 litre	45 minutes

Pâte
de tomates

Environ 4 kg (9 lb) (18 tasses) (45) tomates italiennes

1 poivron rouge haché (ou 1 carotte)

1 branche de céleri

1 feuille de laurier

1 gousse d'ail

2,5 ml (1/2 c. à thé) de sel

Préparer les tomates (voir recette de sauce tomate à la page 53). Hacher les légumes à l'aide d'un robot culinaire. Transférer dans un chaudron. Cuire à feu doux environ 1 heure en remuant. Passer le mélange au tamis ou au presse-purée. Recuire le mélange avec la feuille de laurier, le sel et des herbes au choix, en remuant de temps à autre. Poursuivre la cuisson environ 2 heures ou jusqu'à épaississement. Jeter la feuille de laurier et la gousse d'ail avant d'empoter. Stériliser. Donne environ 5 bocaux de 250 ml ou 10 de 125 ml.

Nota : Doublez la recette si vous désirez faire des réserves.

Stérilisation

Bocal	**Traitement**
500 ml	35 minutes
1 litre	45 minutes

Tomates séchées

4,5 kg (10 lb) de tomates italiennes
Ingrédients au choix
Sel ou sucre
Vinaigre balsamique
Éclats d'ail
Huile d'olive

Préchauffer le four entre 90 et 101 °C (200 et 225 °F). Déposer du papier parchemin sur une grande plaque à cuisson. Nettoyer les tomates. Piquer la peau des tomates à l'aide d'un couteau effilé à 6 à 7 endroits. Couper les tomates en deux ou en quatre. Épépiner. Disposer les tomates face coupée sur la plaque. Ajouter sur les tomates coupées un ou quelques ingrédients au choix pour en rehausser la saveur. Cuire environ 2 à 3 heures de chaque côté, en ouvrant la porte du four de temps à autre pour laisser s'échapper la vapeur. Sortir les tomates au fur et à mesure (celles qui ne collent plus aux doigts et qui sont tendres). Tiédir. Empoter dans des bocaux stérilisés. Conserver au réfrigérateur ou congeler dans des sacs à congélation. Conserver dans l'huile si désiré (voir conserves à l'huile).

Nota : En été, s'il fait très chaud, vous pouvez les faire sécher au soleil. Procédez de la même façon. Le temps peut être plus ou moins long.

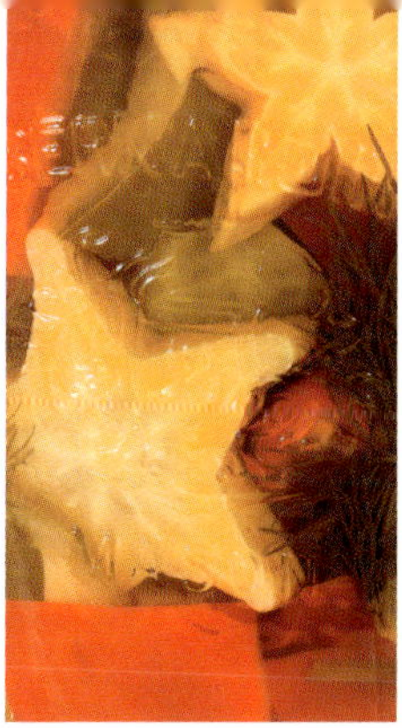

Marinades

Le Japon nous a fait découvrir le gingembre mariné; les pays du Maghreb; les citrons confits au sel, tandis que d'anciens écrits indiens datant de plus de 2000 ans avant J.-C. décrivent la conservation des concombres marinés. Pas étonnant qu'on retrouve actuellement plusieurs recettes originales de « dill pickles » et autres marinades dans plusieurs pays du monde. Cette méthode de conservation nous permet encore de faire des « réserves » quand les fruits et les légumes abondent à la belle saison. Quel agréable passe-temps par un bel après-midi que de cuisiner quelque marinade !

Je vous propose plusieurs recettes originales que vous pouvez doubler ou diviser. Elles sont, pour la plupart, rapides à réaliser. Vous découvrirez des classiques renouvelés dont les saveurs parfois piquantes ou épicées peuvent rehausser un simple lunch ou agrémenter un repas festif. Le goût d'une marinade se bonifie après un certain temps. Soyez patient avant de la déguster. Vous en serez récompensé ! Conservez-en un bocal ouvert au réfrigérateur.

Marinade
de petits concombres

2 douzaines de petits concombres libanais avec la peau (env. 15 cm/6 po de long)
2 douzaines de petits oignons perlés
Sel à marinade

Marinade

625 ml (2½ tasses) de vinaigre blanc
250 ml (1 tasse) d'eau filtrée
250 ml (1 tasse) de sucre granulé
15 ml (1 c. à soupe) de sel à marinade

Épices et herbes

0,5 ml (⅛ c. à thé) de graines de moutarde jaune
0,5 ml (⅛ c. à thé) de grains de poivre noir
1 petit brin d'aneth (facultatif)
1 feuille de laurier

Trancher les concombres assez minces (2-3 mm/⅛ po). Faire dégorger les concombres en les saupoudrant de sel à marinade. Laisser reposer jusqu'au lendemain. Égoutter, rincer et assécher le mieux possible. Couper les oignons en tranches minces et mélanger avec les concombres. Dans un grand chaudron, chauffer le vinaigre, l'eau, le sucre et le sel sans bouillir. Remuer. Déposer les graines de moutarde et de poivre au fond des bocaux. Ajouter un brin d'aneth et une feuille de laurier dans chaque pot, si désiré. Diviser le mélange concombres-oignons entre les pots. Verser la marinade chaude. Stériliser 10 minutes. Donne environ 4 bocaux de 500 ml.

Nota : Attendre 1 mois avant de consommer. Vous pouvez diviser ou multiplier la recette par 2, 3 ou 4.

Gingembre mariné
style japonais
(accompagnement à sushis)

- 600 g (21 oz) de racine de gingembre
- 300 ml (1¼ tasse) de vinaigre de riz japonais nature
- 45 ml (3 c. à soupe) d'eau filtrée tiède
- 90 ml (6 c. à soupe) de sucre
- 7,5 ml (1½ c. à thé) de sel de mer

Éplucher la racine de gingembre et trancher finement. Chauffer le vinaigre avec le sucre, le sel et l'eau. Déposer en tassant les tranches de gingembre dans les pots. Recouvrir de marinade chaude. Stériliser 10 minutes. Donne environ 3 bocaux de 250 ml.

Nota : Cette marinade se nomme « gari » en japonais. Libre à vous de la colorer comme celle que l'on retrouve dans le commerce, par exemple avec du jus de betterave.

Ananas marinés

4 ananas moyens

Marinade

500 ml (2 tasses) de vinaigre blanc

250 ml (1 tasse) de jus d'ananas

500 ml (2 tasses) de sucre granulé

Épices pour le nouet

5 ml (1 c. à thé) de clou de girofle

15 ml (1 c. à soupe comble) de cardamome

10 ml (2 c. à thé) de poivre de la Jamaïque

2 bâtons de cannelle

2,5 ml (½ c. à thé) de piment chili broyé

30 ml (2 c. à soupe) d'eau filtrée supplémentaire

Parer les ananas. Trancher en lanières de la hauteur du bocal et d'environ 2,5 cm (1 po) de large. Moudre les épices grossièrement. Les déposer dans un morceau d'étamine (nouet) bien ficelée. Chauffer le vinaigre, le jus, le sucre et les épices. Amener au point d'ébullition. Réduire le feu. Ajouter les morceaux d'ananas et cuire environ 8 à 10 minutes pour les attendrir. Empoter. Stériliser 20 minutes. Donne environ 3 pots de 500 ml.

Nota : Selon la grosseur de vos ananas, il vous faudra 3 ou 4 fruits pour bien remplir des bocaux de 500 ml.

Asperges marinées

2,7 kg (6 lb) d'asperges

Marinade

1,3 l (5⅓ tasses) de vinaigre blanc

250 ml (1 tasse) de sucre granulé

375 ml (1⅔ tasse) d'eau filtrée

20 ml (4 c. à thé) de gros sel à marinade

Épices par bocal

2,5 ml (½ c. à thé) de graines de carvi

2,5 ml (½ c. à thé) de graines de moutarde

2 à 3 éclats d'ail blanchis (facultatif)

Couper l'ail blanchi. Mélanger les épices selon la quantité de bocaux à remplir. Réserver. Bien nettoyer les asperges. Conserver les pointes avec une tige d'environ 10 cm (4 po) de long. Tremper 1 heure dans un bain d'eau avec des cubes de glace. Préparer la marinade 10 minutes avant la fin. Verser le vinaigre, l'eau filtrée, le sucre et le sel dans un chaudron. Porter à ébullition et laisser bouillir 4 à 5 minutes. Égoutter les asperges. Les immerger dans le mélange bouillant. Cuire à feu moyen 2 minutes au maximum. Retirer les asperges et les jeter dans un bac d'eau glacée. Conserver le liquide chaud pour empoter. Déposer 1 éclat d'ail et le mélange d'épices au fond de chaque bocal. Empoter les asperges bien serrées. Verser la marinade chaude. Stériliser 10 minutes. Donne environ 5 pots de 500 ml.

Nota : Congeler les morceaux d'asperges restants ou les cuisiner le jour même dans une recette de légumes sautés ou pour compléter une soupe aux légumes. Pour diviser la recette, compter environ 1 paquet et demi (326 g/11,5 oz) par bocal de 500 ml.

Kiwis marinés

- 12 à 14 kiwis fermes
- 1 poivron de couleur
- 150 ml (⅔ tasse) de vinaigre de vin blanc
- 580 ml (2⅓ tasses) de jus de pomme non sucré
- 250 ml (1 tasse) de sucre
- 15 ml (1 c. à soupe) de mélange de 5 poivres en grains
- 5 ml (1 c. à thé) de graines de coriandre
- 5 ml (1 c. à thé) de graines de moutarde

Peler les fruits. Les couper en quartiers puis recouper chacun d'eux. Trancher le poivron en lanières. Réserver. Verser le vinaigre et le jus dans un chaudron. Porter à ébullition et ajouter le sucre. Remuer à l'aide d'une cuillère de bois jusqu'à dissolution. Réduire le feu. Écraser légèrement les épices, les ajouter et laisser réduire 15 à 20 minutes jusqu'à l'obtention d'un sirop léger. Ajouter les poivrons. Remuer. Cuire quelques minutes. Incorporer les kiwis et cuire encore 2 minutes environ ou jusqu'à ce qu'ils soient légèrement attendris. Empoter. Stériliser 20 minutes. Donne environ 3 bocaux de 500 ml.

Cantaloup mariné
à saveur orientale

4 cantaloups

Marinade

250 ml (1 tasse) d'eau filtrée

375 ml (1½ tasse) de vinaigre de cidre

560 ml (2¼ tasses) de sucre granulé

Épices

10 ml (2 c. à thé) de graines de coriandre

4 anis étoilés (badiane)

10 ml (2 c. à thé) de poivre de Sichuan entier

10 ml (2 c. à thé) de gingembre haché finement

Couper les cantaloups en 2 et les vider à l'aide d'une cuillère. Couper des cubes d'environ 2,5 cm (1 po). Moudre légèrement la coriandre et le poivre de Sichuan. Mélanger l'eau, le vinaigre, le sucre et les épices dans un chaudron. Porter à ébullition. Réduire le feu. Ajouter les cubes de cantaloup. Macérer environ 30 minutes. Reporter le tout à ébullition. Réduire le feu et cuire environ 5 minutes ou plus pour plus de tendreté. Déposer les fruits en tassant. Filtrer la marinade si désiré. Ajouter un anis étoilé par bocal. Remplir de marinade chaude. Stériliser 20 minutes. Donne environ 4 bocaux de 500 ml.

Nota : Vous pouvez faire la marinade en mettant les épices dans un nouet d'étamine, si vous désirez. Cela vous évitera de filtrer si vous ne voulez pas non plus de grains d'épices dans vos bocaux. Ajoutez 1 pincée de piment chili si vous aimez le piquant !

Haricots verts à l'aneth

1 kg (2,2 lb) de haricots verts fins parés

Marinade

1 l (4 tasses) de vinaigre de cidre

15 ml (1 c. à soupe) de sel de mer (non iodé)

500 ml (2 tasses) d'eau filtrée

Herbes et épices par bocal

1 brin d'aneth

1 à 2 gousses d'ail blanchies

Pincée de poivre de Cayenne

Chauffer la marinade jusqu'au point d'ébullition. Empoter les haricots crus, l'ail blanchi et l'aneth dans des bocaux chauds. Verser la marinade chaude. Stériliser 10 minutes. Donne environ 4 bocaux de 500 ml.

Variante : Remplacer le brin d'aneth par un brin de thym et l'ail, par de l'échalote française ou des oignons verts.

Courgettes au curcuma

4 courgettes moyennes

40 à 48 petits oignons perlés

Sel à marinade pour saupoudrer

Eau filtrée

Marinade

1 l (4 tasses) de vinaigre de vin blanc

250 ml (1 tasse) de sucre granulé

125 ml (1/2 tasse) d'eau filtrée

20 ml (4 c. à thé) de sel à marinade, environ

Épices pour le nouet

1 ml (1/4 c. à thé) de grains de poivre noir

1 ml (1/4 c. à thé) de graines de cumin

1 ml (1/4 c. à thé) de graines de fenouil

Herbes et épices dans chaque bocal

1 ml (1/4 c. à thé) de curcuma en poudre

1 feuille de laurier

Couper les extrémités des courgettes et trancher en lanières d'environ 5 mm (1/4 po). Transférer dans un bol. Saupoudrer de gros sel (non iodé) et recouvrir d'eau froide. Déposer une assiette avec un poids dessus. Laisser dégorger environ 1 heure. Rincer à l'eau froide dans une passoire et bien égoutter. Blanchir les oignons pour mieux les peler. Moudre les épices dans un mortier et les déposer dans un nouet. Porter les ingrédients de la marinade et les épices enveloppées au point d'ébullition. Réduire le feu et mijoter 7 à 8 minutes. Faire ensuite mijoter les oignons 5 minutes et ajouter les courgettes 2 minutes avant la fin. Empoter. Stériliser 10 minutes. Donne environ 4 bocaux de 500 ml.

Courge aigre-douce marinée

1 courge moyenne au choix
2 mangues en cubes
250 ml (1 tasse) d'oignon jaune en rondelles
1 gousse d'ail hachée (facultatif)

Marinade

250 ml (1 tasse) de vinaigre blanc
500 ml (2 tasses) d'eau
250 ml (1 tasse) de sucre granulé
2,5 ml (1/2 c. à thé) de sel de mer (non iodé) ou sel à marinade
5 ml (1 c. à thé) de graines de cumin
10 ml (2 c. à thé) de gingembre haché
10 ml (2 c. à thé) de curry de Madras
2 pincées de piment chili broyé
2 feuilles de laurier

Trancher la courge en cubes d'environ 1 cm (1/2 po) pour obtenir environ 1 litre (4 tasses). Faire de même avec les mangues. Trancher l'oignon en fines rondelles. Chauffer les ingrédients de la marinade avec les épices. Porter à ébullition. Ajouter la courge, l'oignon et l'ail dans le liquide et cuire environ 10 à 15 minutes pour les attendrir. Ajouter les cubes de mangue et cuire 5 minutes de plus. Empoter avec la marinade. Stériliser 20 minutes. Donne environ 4 pots de 250 ml.

Betteraves au gingembre

2,27 kg (5 lb) de betteraves crues
Sel de mer non iodé

Marinade pour 1 pot de 500 ml

1,25 l (5 tasses) de vinaigre de cidre
625 ml (2 1/2 tasses) de sucre granulé
25 ml (5 c. à thé) de sel de mer (non iodé)
2,5 ml (1/2 c. à thé) de poivre de Cayenne (facultatif)
5 morceaux de 7,5 cm (3 po) de gingembre

Cuire les betteraves dans l'eau bouillante salée environ 15 à 20 minutes (selon la grosseur) jusqu'à tendreté. Tiédir. Peler les betteraves. Les trancher à environ 0,5 cm (1/4 po) d'épaisseur ou en cubes. Peler et couper en rondelles minces le gingembre. Dans un chaudron, porter à ébullition tous les éléments de la marinade. Chauffer 5 minutes. Retirer du feu. Empoter les légumes et verser la marinade. Stériliser 20 minutes. Donne environ 5 bocaux de 500 ml.

Artichauts marinés aux herbes

3 douzaines d'artichauts

Marinade

750 ml (3 tasses) de vinaigre de cidre

15 ml (1 c. à soupe) de sel de mer (non iodé)

250 ml (1 tasse) d'eau filtrée

2 gousses d'ail

1 brin de thym

Herbes et épices

1 ml (1/4 c. à thé) d'origan séché

1 ml (1/4 c. à thé) de basilic séché

1 feuille de laurier

Éclats d'ail blanchis

2,5 ml (1/2 c. à thé) de grains de poivre noir

Cuire les artichauts dans l'eau bouillante salée, dans une proportion de 50 g de sel par litre d'eau filtrée. Égoutter. Les déposer dans une eau acidulée (au vinaigre ou au citron). Refroidir. Enlever les feuilles et le foin; ne conserver que les fonds. Porter le vinaigre, l'eau, l'ail et le thym à ébullition. Déposer les herbes, le poivre et l'ail blanchi au fond de chaque bocal. Entasser les fonds et verser de la marinade. Stériliser 10 minutes. Donne environ 4 bocaux de 500 ml.

Variante : Remplacer l'origan et le basilic par une pincée de piment chili broyé ou 1 piment oiseau épépiné pour une marinade beaucoup plus épicée.

Céleri-rave et carottes

1 céleri-rave râpé fin

5 carottes râpées fin

1 gros oignon doux en fines rondelles

30 ml (2 c. à soupe) de zeste d'orange (facultatif)

Marinade

1 l (4 tasses) de vinaigre de vin blanc

500 ml (2 tasses) d'eau filtrée

Le jus de 2 oranges

60 ml (1/4 tasse) de sucre

30 ml (2 c. à soupe) de sel de mer (non iodé)

125 ml (1/2 tasse) d'aneth haché

Épices

1 ml (1/4 c. à thé) de grains de poivre

Hacher l'aneth et le mettre dans un nouet d'étamine, si désiré (si non filtré). Dans un chaudron, chauffer la marinade avec le nouet d'herbes jusqu'au point d'ébullition. Ajouter le céleri-rave et les carottes. Cuire 2 à 3 minutes pour les attendrir en brassant. Ajouter l'oignon et cuire 1 minute. Remplir les bocaux du mélange de légumes où on aura déposé le brin d'aneth (facultatif) et les grains de poivre. Verser la marinade chaude. Stériliser 10 minutes. Donne environ 4 bocaux de 500 ml.

Courgettes marinées

2,25 kg (5 lb) de courgettes
Sel à marinade pour saupoudrer
2 oignons jaunes moyens
Marinade (à mesurer et ajuster)
1,3 l (5⅓ tasses) de vinaigre blanc
375 ml (1½ tasse) de sucre granulé
400 ml (1⅔ tasse) d'eau filtrée
20 ml (4 c. à thé) de gros sel (à marinade)
Épices
1 ml (¼ c. à thé) de graines d'aneth
1 ml (¼ c. à thé) de graines de moutarde
1 ml (¼ c. à thé) de graines de coriandre
2,5 ml (½ c. à thé) de grains de poivre noir
1 feuille de laurier

Enlever les extrémités des courgettes et trancher en lanières d'environ 2 mm (⅛ po) d'épaisseur. Transférer dans un bol. Saupoudrer de gros sel (non iodé) et recouvrir d'eau froide. Déposer une assiette avec un poids sur les courgettes. Laisser dégorger environ 2 heures. Rincer à l'eau froide dans une passoire et bien égoutter. Trancher les oignons en rondelles. Porter le vinaigre, l'eau, le sucre et le sel au point d'ébullition. Ajouter les courgettes et l'oignon. Cuire 5 minutes au maximum. Déposer les épices au fond des bocaux. Tasser les légumes dans les bocaux et ajouter 1 feuille de laurier. Verser la marinade chaude. Stériliser 15 minutes. Donne environ 5 bocaux de 500 ml.

Betteraves
pomme cannelle

2,27 kg (5 lb) de petites betteraves crues
10 pommes
10 échalotes françaises
Marinade
1,25 l (5 tasses) de vinaigre de cidre
830 ml (3⅓ tasses) de sucre
24 ml (5 c. à thé) de sel de mer (non iodé)
3 bâtons de cannelle broyés
(+ 1 par bocal [facultatif])

Nettoyer les betteraves et laisser environ 2,5 cm (1 po) de tige. Cuire dans l'eau bouillante légèrement salée à couvert, à feu doux, 15 à 20 minutes ou jusqu'à ce qu'un couteau les transperce facilement. Égoutter. Trancher en cubes de 1 cm (½ po) ou les laisser entières si elles sont petites. Couper les pommes pelées et évidées en quartiers. Trancher les échalotes en rondelles fines. Amener à ébullition les ingrédients de la marinade avec les 3 bâtons de cannelle enveloppés dans de la gaze. Ajouter les pommes et les oignons et cuire quelques minutes. Retirer la cannelle. Tasser le mélange dans les pots. Verser la marinade chaude. Stériliser 30 minutes. Donne environ 5 bocaux de 1 litre.

Nota : Si vous désirez un goût plus prononcé de cannelle, déposez un bâton dans chaque bocal. Vous pouvez réduire la recette de moitié : comptez environ 500 g (1 lb) de betteraves par bocal de 1 litre.

Carottes
aux raisins

2 l (8 tasses) de carottes parisiennes congelées
250 ml (1 tasse) de raisins secs dorés
60 ml (1/4 tasse) de vinaigre balsamique blanc
Eau filtrée

Marinade de base

1 l (4 tasses) de vinaigre de cidre
250 ml (1 tasse) de sucre granulé
15 ml (1 c. à soupe) de sel de mer (non iodé)
500 ml (2 tasses) d'eau filtrée
250 ml (1 tasse) de sucre
2 à 3 brins d'estragon

Épices et herbes

1 ml (1/4 c. à thé) de graines de moutarde
1 ml (1/4 c. à thé) de poivre noir
Brin d'estragon

Recouvrir les raisins d'eau bouillante. Ajouter le vinaigre balsamique blanc. Laisser gonfler environ 30 minutes. Cuire les carottes dans l'eau bouillante salée ou à la vapeur jusqu'à ce qu'elles soient attendries. Elles doivent demeurer croquantes. Porter à ébullition la marinade et laisser bouillir environ 5 minutes. Déposer les épices au fond des pots. Empoter serré. Stériliser 10 minutes. Donne environ 4 pots de 500 ml.

Variante : Ajouter des petits oignons perlés à la marinade ou des tranches d'oignon doux préalablement cuits 5 minutes dans la marinade. Diminuer alors la quantité de carottes du tiers environ.

Choux de Bruxelles marinés

4 douzaines de choux de Bruxelles
2 douzaines de petits oignons
1 petit chou-fleur
2 gousses d'ail hachées

Marinade

625 ml (2½ tasses) de vinaigre blanc
250 ml (1 tasse) d'eau filtrée
250 ml (1 tasse) de sucre granulé
15 ml (1 c. à soupe) de sel de mer (non iodé)

Épices et herbes

0,5 ml (1/8 c. à thé) de graines de moutarde jaune
0,5 ml (1/8 c. à thé) de grains de poivre noir
0,5 ml (1/8 c. à thé) d'origan (facultatif)
1 feuille de laurier

Parer les choux de Bruxelles et les petits oignons. Séparer le chou-fleur en petits fleurons. Porter à ébullition la marinade et faire bouillir environ 5 minutes. Ajouter les légumes et cuire 3 à 4 minutes. Déposer les épices et les herbes au fond des bocaux. Empoter les légumes en les alternant. Stériliser 10 minutes. Donne environ 4 pots de 500 ml.

Poivrons et caramboles
marinés (sans sucre)

16 poivrons moyens (rouges et verts)
2 caramboles

Marinade

1,5 l (6 tasses) de vinaigre blanc
1,5 l (6 tasses) d'eau filtrée
3 gousses d'ail hachées
20 ml (4 c. à thé) de sel à marinade

Épices et herbes

1 brin d'aneth
15 ml (1 c. à soupe) de piment Jalapeños tranché
5 ml (1 c. à thé) de grains de poivre noir
2,5 ml (1/2 c. à thé) de graines de moutarde jaune

Une fois bien nettoyés, couper les poivrons en morceaux de 2,5 cm (1 po) et les caramboles en tranches d'environ 5 mm (1/4 po). Porter à ébullition à feu moyen le vinaigre, le sel et l'ail haché une dizaine de minutes. Déposer les herbes dans chaque bocal et les remplir de poivrons et de tranches de carambole. Verser la marinade chaude. Stériliser 15 minutes. Donne environ 4 pots de 1 litre.

Variante : Remplacez le piment Jalapeños par un petit piment chili. Utilisez des gants lorsque vous les coupez. Pour une variante exotique, utilisez du vinaigre aromatisé (recette de base à la page 198). Faites mariner d'autres variétés de poivrons ou de piments forts avec les mêmes ingrédients.

Choux-fleurs colorés
marinés à l'aneth

3 petits choux-fleurs de couleurs variées
Eau filtrée
250 ml (1 tasse) de sel à marinade ou non iodé

Marinade

1,5 l (6 tasses) d'eau
1,5 l (6 tasses) de vinaigre blanc
15 ml (1 c. à soupe) de sucre granulé

Épices et herbes

7,5 ml (1½ c. à soupe) de graines de moutarde
1 ml (¼ c. à thé) de piment chili en flocons
1 à 2 gousses d'ail tranchées
2,5 ml (½ c. à thé) d'origan séché
1 feuille de laurier

Dissoudre le sel dans assez d'eau pour recouvrir les fleurons de chou-fleur. Ajouter les fleurons. Rincer à l'eau froide après 1 heure de trempage. Égoutter. Chauffer la marinade jusqu'au point d'ébullition. Ajouter les épices et les herbes dans chaque pot. Empoter. Stériliser 15 minutes. Donne environ 3 bocaux de 1 litre.

Concombres
et carottes marinés

8 petits concombres
40 bébés carottes
1 oignon doux
Sel de mer non iodé ou à marinade

Marinade

750 ml (3 tasses) de vinaigre de vin
60 ml (1/4 tasse) de sucre granulé
20 ml (4 c. à thé) de sel non iodé
3 à 4 petites gousses d'ail
10 ml (2 c. à thé) de poivres mélangés
2 brins d'aneth
4 feuilles de laurier
Éclats d'ail blanchis

Peler et trancher les concombres en rondelles d'environ 5 mm (1/4 po). Les faire dégorger 20 minutes en les saupoudrant de sel de mer non iodé. Rincer sous l'eau froide. Trancher les carottes en julienne et l'oignon en rondelles. Chauffer la marinade. Plonger les carottes et les tranches d'oignon dans la marinade. Déposer le poivre et un brin d'aneth au fond des bocaux. Empoter en alternant les légumes. Parsemer d'éclats d'ail blanchis et d'une feuille de laurier. Stériliser 10 minutes. Donne environ 4 bocaux de 500 ml.

Recette de base
pour le vinaigre épicé

1 l (4 tasses) de vinaigre de cidre

Épices dans un nouet

2 bâtons de cannelle (8 cm/3 po)
2 éclats de noix de muscade
20 ml (4 c. à thé) de baies de poivre de la Jamaïque
20 ml (4 c. à thé) de clou de girofle
15 ml (1 c. à soupe) de grains de poivre noir

Mettre les épices dans un nouet d'étamine. Chauffer le vinaigre avec les épices sans le faire bouillir. Retirer du feu. Pour des saveurs plus fortes, macérer 24 heures avec les épices. Utiliser chaud dans les recettes de marinades ou verser dans des bouteilles stérilisées. Conserver le vinaigre environ 12 mois dans un endroit frais et à l'abri de la lumière. Donne environ 1 litre.

Nota : Les mélanges d'épices pour ce vinaigre n'ont de limite que votre goût et votre imagination. Remplacez la cannelle par 30 ml (2 c. à soupe) de cardamome broyée.

Marinade
asiatique

4 carottes
1 radis noir « Daikon » (même poids que les carottes)

Marinade

500 ml (2 tasses) de vinaigre blanc
500 ml (2 tasses) d'eau filtrée
150 ml (⅔ tasse) de sucre granulé
5 ml (1 c. à thé) de gingembre haché
5 ml (1 c. à thé) d'ail haché
5 ml (1 c. à thé) de grains de poivre Sichuan
2,5 à 5 ml (½ à 1 c. à thé) de piment rouge haché (facultatif)
1 anis étoilé (facultatif)

Dans le bocal

4 à 6 rondelles de gingembre frais
2,5 ml (½ c. à thé) de grains de poivre de Sichuan

Couper les légumes en julienne (environ 5 mm/¼ po). Porter tous les ingrédients de la marinade à ébullition (ne pas bouillir). Retirer du feu. Tasser les légumes crus à la verticale en les intercalant dans les pots. Verser la marinade chaude et ajouter le poivre. Disposer les rondelles de gingembre sur les parois du bocal. Stériliser 10 minutes. Donne 4 bocaux de 500 ml.

Poires marinées

12 poires (Bartlett, Bosc)
30 ml (2 c. à soupe) de vinaigre de cidre

Marinade

1 l (4 tasses) de vinaigre épicé
(voir recette à la page 77)
500 ml (2 tasses) de sucre granulé

Épices facultatives

2,5 ml (½ c. à thé) de baies de poivre de la Jamaïque
2,5 ml (½ c. à thé) de graines de coriandre
1 bâton de cannelle
Clou de girofle

Peler les poires. Enlever le cœur. Les trancher en morceaux sur la longueur. Pocher les poires dans un bain d'eau citronnée pour les attendrir environ 5 minutes. Chauffer le vinaigre épicé (il ne doit pas bouillir). Ajouter le sucre. Remuer. Mijoter à découvert environ 10 minutes jusqu'à ce qu'il ait un peu réduit. Déposer les épices dans chaque pot. Empoter et remplir de marinade. Stériliser 20 minutes. Donne environ 4 bocaux de 500 ml.

Pommes marinées

8 pommes vertes moyennes
30 ml (2 c. à soupe) de vinaigre de cidre

Marinade

1 l (4 tasses) de vinaigre épicé
(voir recette à la page 77)
500 ml (2 tasses) de sucre granulé

Épices facultatives

1 bâton de cannelle
2,5 ml (1/2 c. à thé) de clou de girofle

Peler les pommes. Enlever le cœur. Les couper en rondelles d'un peu plus de 13 mm (1/2 po). Les déposer dans un bain d'eau vinaigrée ou citronnée pour empêcher l'oxydation. Chauffer le vinaigre épicé (il ne doit pas bouillir). Ajouter le sucre. Remuer. Mijoter à découvert environ 10 minutes jusqu'à ce qu'il ait un peu réduit. Cuire les pommes jusqu'à ce qu'elles commencent à devenir légèrement transparentes, soit environ 7 à 8 minutes. Déposer dans chaque bocal un bâton de cannelle et le clou de girofle. Filtrer la marinade, si désiré. Empoter et remplir de marinade. Stériliser 20 minutes. Donne environ 4 bocaux de 500 ml.

Citrons confits
au sel

32 citrons non traités (environ 4 kg)
Gros sel à marinade ou sel de mer non iodé
Huile d'olive extra vierge (facultatif)

Bien brosser les citrons non traités. Faire tremper les citrons 5 jours dans une bassine (renouveler l'eau tous les jours). Après ces 5 jours, pratiquer une incision en forme de croix. Les morceaux doivent rester attachés au zeste. Mettre 2 pincées de sel et refermer les citrons. Les tasser dans une grande jarre ou des bocaux stérilisés individuels. Déposer une assiette et un poids par-dessus la jarre ou fermer hermétiquement les bocaux. Laisser confire 2 à 3 jours.

Un liquide épais ressemblant à du miel apparaîtra après quelques jours. Il permet la conservation des citrons. On dit alors que les citrons ont « rendu leur jus ». S'il n'y a pas assez de jus, ajouter de l'eau bouillante salée (45 ml/3 c. à soupe par litre) et tiédie ou de l'huile d'olive. Il est préférable de les consommer après 1 mois, au minimum 15 jours. Conserver hermétiquement au réfrigérateur.

Nota : Les citrons confits au sel entrent dans la préparation de succulents plats qui nous viennent des pays d'Afrique du Nord et du Moyen-Orient tels que les tajines, les ragoûts d'agneau et le délicieux poulet au citron et aux olives, par exemple. Vous pouvez diviser cette recette pour en faire de plus petites quantités.

Mangues marinées

8 à 10 grosses mangues fermes

Marinade

1 l (4 tasses) de vinaigre épicé (voir recette à la page 77)

500 ml (2 tasses) de sucre granulé

Épices facultatives

8 anis étoilés (ou plus)

Peler les mangues. Découper la chair en morceaux. Amener à ébullition les ingrédients de la marinade (elle ne doit pas bouillir). Mijoter à découvert environ 10 minutes jusqu'à ce qu'elle ait un peu réduit. Déposer un anis étoilé dans chaque bocal. Empoter et remplir de marinade chaude. Stériliser 20 minutes. Donne environ 4 bocaux de 500 ml.

Variante : Remplacer l'anis étoilé (badiane) par du clou de girofle, de la cannelle ou de la cardamome.

Pêches marinées

12 à 14 pêches fermes

Marinade

500 ml (2 tasses) de vinaigre épicé (voir recette à la page 77)

375 ml (1½ tasse) de sucre granulé

Épices facultatives

2,5 ml (½ c. à thé) de grains de poivre noir

1 clou de girofle

1 bâton de cannelle

Blanchir les pêches, les peler et les dénoyauter soigneusement. Couper en moitiés ou en quartiers. Amener à ébullition les ingrédients de la marinade (elle ne doit pas bouillir). Ajouter les pêches et cuire à feu doux environ 2 à 3 minutes, assez pour qu'elles soient chaudes. Déposer les épices dans chaque bocal. Empoter et remplir de marinade chaude. Stériliser 20 minutes. Donne environ 4 bocaux de 500 ml.

Oranges marinées

12 oranges moyennes sans pépins

Marinade

500 ml (2 tasses) de vinaigre épicé (voir recette à la page 77)

250 ml (1 tasse) de sucre granulé

Épices facultatives

1 bâton de cannelle

2,5 ml (½ c. à thé) de clou de girofle

Laver et brosser les oranges. Trancher en rondelles de 3 mm (⅛ po). Porter à ébullition le vinaigre aromatisé (il ne doit pas bouillir). Ajouter le sucre. Remuer. Mijoter à découvert environ 10 minutes jusqu'à ce qu'il ait un peu réduit. Cuire les tranches d'orange environ 10 minutes à feu doux en les remuant délicatement. Filtrer la marinade. Empoter et remplir de marinade chaude. Ajouter un bâton de cannelle et du clou de girofle. Stériliser 20 minutes. Donne environ 4 bocaux de 500 ml.

Piments jalapeños marinés

16 piments jalapeños
2 oignons blancs
2 à 3 gousses d'ail blanchies

Marinade

310 ml (1¼ tasse) de vinaigre blanc
125 ml (½ tasse) d'eau filtrée
125 ml (½ tasse) de sucre
20 ml (4 c. à thé) de sel de mer non iodé ou à marinade

Après avoir enfilé des gants jetables, peler, épépiner et trancher les piments en rondelles d'environ 5 mm (¼ po) d'épaisseur. Trancher l'oignon en rondelles et couper l'ail blanchi en morceaux. Chauffer les ingrédients de la marinade jusqu'au point d'ébullition (sans bouillir). Cuire les piments et les oignons 2 minutes. Déposer les éclats d'ail blanchi au fond des pots avec 1 ou 2 rondelles d'oignon. Empoter. Stériliser 10 minutes. Donne environ 4 bocaux de 250 ml.

Nota : Relevez votre recette de macaroni au fromage préférée en y ajoutant quelques rondelles hachées finement de piment jalapeños marinés au mélange de fromage ou dans une trempette de légumes. Conservez les bocaux entamés au réfrigérateur.

Betteraves au romarin et vinaigre balsamique

2,7 kg (6 lb) de betteraves cuites

Marinade

1,5 l (6 tasses) d'eau filtrée

500 ml (2 tasses) de vinaigre balsamique

20 ml (4 c. à thé) de sel de mer non iodé ou à marinade

4 brins de romarin

Trancher les betteraves cuites en cubes. Chauffer les ingrédients de la marinade (sans bouillir). Infuser les brins de romarin 10 à 15 minutes dans la marinade hors du feu. Réchauffer à nouveau la marinade. Tasser les cubes de betteraves dans les bocaux. Ajouter 1 brin de romarin par bocal. Remplir de marinade chaude. Stériliser 30 minutes. Donne environ 4 bocaux de 1 litre.

Chou rouge mariné

1 petit chou rouge

250 ml (1 tasse) de canneberges séchées

Marinade

1 l (4 tasses) de vinaigre épicé fait à base de vinaigre de vin rouge

250 ml (1 tasse) de cassonade

Épices facultatives

2,5 ml (1/2 c. à thé) de grains de moutarde

1 ml (1/4 c. à thé) de muscade

Trancher le chou finement. Le faire dégorger 24 heures en le saupoudrant de sel à marinade, en superposant le chou et le sel. Bien l'éponger après cette étape. Faire un vinaigre épicé avec du vin rouge (voir recette de vinaigre épicé, à la page 199). Porter les ingrédients de la marinade à ébullition avec les canneberges (sans bouillir). Retirer les canneberges réhydratées. Mélanger. Empoter avec les épices. Remplir les pots de vinaigre épicé chaud. Stériliser 15 minutes (bocaux de 500 ml) et 20 minutes (bocaux de 1 litre). Donne environ 4 pots de 500 ml ou 2 pots de 1 litre.

Nota : Pour ceux qui aiment les marinades plus sucrées, augmenter la quantité de cassonade tassée à 500 ml/2 tasses.

Marinade de fenouil
au vinaigre de framboises

2 bulbes de fenouil

Marinade

500 ml (2 tasses) de vinaigre de framboises

250 ml (1 tasse) d'eau filtrée

40 ml (8 c. à thé) de jus de citron

Épices et herbes

3 éclats d'ail blanchis

2,5 ml (½ c. à thé) de sauge séchée ou quelques feuilles fraîches

1 ml (¼ c. à thé) de coriandre en grains

Zeste de citron

1 ml (¼ c. à thé) de poivre noir moulu

Enlever le cœur des bulbes. Couper les bulbes de fenouil en quartiers puis trancher en morceaux de 12 mm (½ po). Trancher la gousse d'ail. Blanchir l'ail et le fenouil 2 minutes dans de l'eau bouillante salée. Chauffer les ingrédients de la marinade jusqu'au point d'ébullition (sans bouillir). Déposer les herbes dans chaque bocal. Empoter les légumes. Verser la marinade. Stériliser 10 minutes. Donne environ 4 bocaux de 250 ml.

Poireaux
marinés au citron

2 douzaines de poireaux moyens
30 ml (2 c. à soupe) de sel à marinade

Marinade

1 l (4 tasses) de vinaigre blanc
2 citrons
5 ml (1 c. à thé) de sel à marinade
5 ml (1 c. à thé) de grains de poivre noir
5 ml (1 c. à thé) de clou de girofle
30 ml (2 c. à soupe) de zeste de citron

Laver et couper les blancs de poireaux en tronçons de la hauteur des bocaux. Cuire les poireaux 8 minutes dans de l'eau bouillante légèrement salée. Égoutter et bien les sécher avec du papier essuie-tout. Prélever le zeste des citrons et trancher en fines lanières. Couper les citrons en quartiers. En même temps, chauffer la marinade avec les épices et les quartiers et lanières de citron. Empoter. Enlever les quartiers de citron. Empoter avec des lanières de zeste de citron. Verser la marinade chaude avec le poivre et le clou de girofle. Stériliser 10 minutes. Donne environ 4 bocaux de 500 ml.

Nota : Ces poireaux se servent bien en hors-d'œuvre avec d'autres légumes. Le poireau est riche en sels minéraux. Il a des propriétés pour lutter contre le cholestérol en plus d'être diurétique par sa richesse en potassium. Réutiliser la marinade pour en faire une vinaigrette.

Conserves
à l'huile

Les conserves à l'huile sont très communes dans plusieurs pays du monde. Cette méthode est employée depuis des siècles dans les principaux pays producteurs d'huile d'olive : l'Italie, l'Espagne et le Portugal, de même que la Grèce. La plupart des familles méditerranéennes font des réserves de légumes conservés dans l'huile, et ces recettes sont transmises de génération en génération. Ces conserves sont parfaites pour cuisiner des « antipasti », hors-d'œuvre froids italiens. Elles sont idéales pour rehausser un plat principal ou agrémenter une salade.

On peut réaliser des conserves facilement avec plusieurs légumes du jardin tels que les aubergines, les tomates, les artichauts, les poivrons et les champignons. Il est préférable d'acidifier les aliments qui seront préservés dans l'huile afin d'augmenter la qualité du produit. La durée maximale de conservation est de 3 mois.

Les recettes proposées utilisent du vinaigre comme agent acidifiant ou du sel. On gardera les légumes conservés dans l'huile sans agent acidifiant au réfrigérateur en tout temps, de même que les bocaux ouverts.

Employez une huile de qualité et douce, soit un mélange d'huile d'olive et d'huile de pépins de raisin. Évitez les huiles de noix qui ont tendance à rancir rapidement. L'huile du bocal de conserve peut ensuite servir à faire une vinaigrette.

Pesto coriandre
basilic aux amandes

125 ml (1/2 tasse) de basilic
60 ml (1/4 tasse) de feuilles de coriandre
60 ml (1/4 tasse) d'amandes hachées
15 ml (1 c. à soupe) de parmesan râpé
60 ml (1/4 tasse) d'huile d'olive extra vierge
10 ml (2 c. à thé) de jus de lime
1 ml (1/4 c. à thé) de sel de mer

Mélanger tous les ingrédients à l'aide d'un robot culinaire en faisant couler l'huile doucement en filet. Empoter jusqu'à 5 mm (1/4 po) du bord. Conserver hermétiquement au réfrigérateur quelques semaines. Donne 1 pot de 125 ml.

Nota : Pour une autre saveur tout aussi agréable, griller les amandes à sec et les faire refroidir avant de les incorporer aux autres ingrédients du pesto. Si on désire faire de plus grandes quantités, doubler ou tripler cette recette tout en goûtant avant d'ajouter trop de sel ou de jus de lime. On peut conserver du pesto au congélateur sans y ajouter de fromage. Râper le fromage au service.

Poivrons grillés marinés

10 poivrons rouges
10 poivrons verts
2 têtes d'ail
Vinaigre de vin blanc
1 oignon en morceaux
Herbes et condiments (facultatif)
1 feuille de laurier
2,5 ml (1/2 c. à thé) d'origan séché
2,5 ml (1/2 c. à thé) de marjolaine séchée
5 ml (1 c. à thé) de câpres

Détacher les gousses d'ail. Déposer les gousses et les poivrons sur une plaque à cuisson recouverte de papier d'aluminium ou parchemin. Faire rôtir les poivrons et l'ail sous le gril du four. Les laisser carboniser. Les faire ensuite tiédir. Peler. Évider. Trancher en morceaux. Déposer les poivrons dans un récipient. Les couvrir de vinaigre avec l'ail. Macérer 48 heures. Empoter en alternant avec des herbes et des condiments au choix. Verser l'huile jusqu'à 5 mm (1/4 po) du bord. Stériliser 15 minutes. Donne environ 5 pots de 125 ml. Attendre 1 mois avant de consommer.

Nota : On peut aussi profiter de la chaleur du BBQ pour griller à l'avance les poivrons. Les conserver alors au réfrigérateur dans un contenant hermétique si on ne fait pas la recette le même jour.

Basilic confit
dans l'huile

- 2 bouquets de basilic
- Huile d'olive extra vierge
- Sel de mer fin non iodé

Laver les feuilles de basilic. Les déposer sur un linge propre. Les faire sécher à l'air ambiant. Dans un bocal stérilisé, empoter en alternant feuilles et sel jusqu'au trois quarts du bocal. Remplir d'huile d'olive à la température de la pièce. Refermer hermétiquement et ranger le bocal dans une armoire à l'abri de la lumière. Donne un pot de 125 ml.

Nota : Utilisez le basilic confit après un mois dans des soupes, des sauces ou des ragoûts, soit partout où vous utiliseriez du sel, de l'huile d'olive et du basilic frais.

Petits oignons grillés dans l'huile

- 4 sacs (48) de petits oignons perlés
- 500 ml (2 tasses) de vinaigre blanc
- 10 ml (2 c. à thé) de grains de poivre noir
- 1 poivron rouge
- Huile de pépins de raisin
- Huile d'olive extra vierge

Jeter les oignons 1 minute dans l'eau bouillante pour les peler facilement. Couper les extrémités délicatement pour qu'ils ne se défassent pas. Chauffer un mélange moitié eau, moitié vinaigre. Ajouter le poivre noir et 15 ml (1 c. à soupe) de gros sel à marinade. Incorporer les oignons et le poivron coupé en lanières. Macérer 30 minutes. Bien égoutter. Chauffer une plaque à cuisson cannelée antiadhésive. Badigeonner les oignons d'huile de pépins de raisin. Griller avec les lanières de poivron en les retournant soigneusement. Empoter. Remplir d'huile d'olive ou de pépins de raisin. Stériliser 15 minutes. Donne environ 4 bocaux de 500 ml.

Aubergines grillées à l'huile

- 6 aubergines moyennes
- 1 poivron rouge grillé
- 4 gousses d'ail
- Vinaigre blanc
- Huile de pépins de raisin

Herbes et condiments (facultatif)

- 2,5 ml (1/2 c. à thé) d'origan séché
- 2,5 ml (1/2 c. à thé) de marjolaine séchée
- 5 ml (1 c. à thé) de câpres

Peler les aubergines en laissant de minces bandes de pelure. Trancher les aubergines en morceaux d'environ 6 mm (1/4 po) ou en bâtonnets d'environ 2,5 cm (1 po). Les étaler dans une lèchefrite et les saupoudrer de sel. Dégorger environ 30 minutes. Rincer. Couper le poivron et les gousses d'ail. Couvrir tous les légumes et l'ail de vinaigre. Macérer 48 heures. Presser les légumes pour enlever le plus de liquide possible et les éponger. Griller les aubergines des deux côtés sur une plaque à cuisson antiadhésive badigeonnée d'huile de pépins de raisin. Griller l'ail et le poivron si désiré. Déposer des herbes et des condiments au choix dans chaque bocal. Empoter en alternant des éclats d'ail et des lanières de poivron. Verser l'huile. Stériliser 15 minutes. Donne environ 6 pots de 500 ml. Attendre 1 mois avant de consommer.

Champignons à l'huile

7 paquets (227 g/8 oz) de petits champignons de Paris

Vinaigre blanc

Zeste d'un citron

15 ml (1 c. à soupe) de poivre noir en grains

Herbes (facultatif)

2,5 ml (½ c. à thé) d'origan, de marjolaine ou de basilic séché

Huile de pépins de raisin

Huile d'olive extra vierge

Nettoyer les champignons. Couper les extrémités. Jeter les champignons 15 minutes dans un mélange bouillant moitié eau, moitié vinaigre. Bien égoutter. Empoter serrés avec les herbes, du zeste de citron et du poivre noir. Remplir d'huile. Stériliser 15 minutes. Donne environ 5 bocaux de 250 ml.

Nota : Vous pouvez mélanger les variétés de champignons et y ajouter des shiitakes, des cèpes ou un mélange de champignons sauvages.

Pesto
basilic et pignons

- 1 bouquet de basilic
- 1 petite gousse d'ail dégermée (facultatif)
- 60 ml (1/4 tasse) de pignons
- 60 ml (1/4 tasse) de parmesan râpé
- 60 ml (1/4 tasse) d'huile d'olive extra vierge
- 5 ml (1 c. à thé) de jus de citron
- 1 ml (1/4 c. à thé) de sel de mer

Mélanger tous les ingrédients dans un robot culinaire en faisant couler l'huile doucement en filet. Empoter jusqu'à 5 mm (1/4 po) du bord. Conserver hermétiquement au réfrigérateur quelques semaines. Donne 1 pot de 125 ml.

Nota : Le pesto se conserve moins longtemps qu'une autre conserve à l'huile. Si vous désirez faire de plus grandes quantités, doublez ou triplez cette recette tout en goûtant avant d'ajouter trop de sel ou de jus de citron. Vous pouvez conserver du pesto au congélateur sans y ajouter de fromage. Râpez le fromage au service.

Artichauts
marinés dans l'huile

- 3 douzaines d'artichauts
- Jus de citron
- Vinaigre blanc
- Eau filtrée
- Sel de mer ou à marinade (non iodé)
- Huile d'olive ou de pépins de raisin

Herbes (facultatif)

- Feuilles de laurier et clou de girofle
- 2,5 ml (1/2 c. à thé) d'origan séché ou
- 2,5 ml (1/2 c. à thé) de basilic séché
- 2,5 ml (1/2 c. à thé) de grains de poivre noir ou 2,5 ml (1/2 c. à thé) de piment d'Espelette

Préparer un chaudron d'eau vinaigrée (moitié eau et moitié vinaigre). Couper la tige et les feuilles dures des artichauts. Badigeonner de jus de citron pour éviter l'oxydation en les préparant. Déposer les artichauts coupés à mesure dans l'eau vinaigrée. Cuire les artichauts dans cette eau bouillante en ajoutant du sel (3 c. à soupe de sel par litre d'eau filtrée). Cuire 10 minutes environ. Enlever les feuilles et le foin; ne conserver que les fonds. Déposer les herbes et les épices au fond de chaque bocal ou en alternant avec les artichauts. Entasser les fonds et verser l'huile jusqu'à 5 mm (1/4 po) du bord. Stériliser 15 minutes. Donne environ 4 bocaux de 500 ml. Attendre au moins 3 semaines avant de déguster.

Achard

1 l (4 tasses combles) de légumes crus tranchés : haricots, carottes, chou, oignon

Mélange d'épices à moudre

2,5 ml (1/2 c. à thé) de piment rouge haché

5 ml (1 c. à thé) de gingembre haché

15 ml (1 c. à soupe) d'ail haché

250 ml (1 tasse) de vinaigre blanc

500 ml (2 tasses) d'huile d'olive chaude ou d'huile de pépins de raisin

2,5 ml (1/2 c. à thé) de safran

Condiments facultatifs

Éclats d'ail blanchis

Piment rouge fort haché

Gingembre haché

Combiner 1 l (4 tasses) de légumes coupés en lamelles fines. Cuire 5 minutes avec l'ail (si vous en ajoutez dans le bocal) dans de l'eau bouillante légèrement salée. Refroidir immédiatement à l'eau froide. Égoutter. Transférer dans un bol en céramique ou en verre. Réduire l'ail, le piment et le gingembre en purée dans un mortier avec 1 c. à thé de vinaigre blanc. Incorporer ce mélange au vinaigre. Arroser les légumes de ce vinaigre épicé. Macérer 1 heure à température ambiante. Chauffer l'huile avec le safran, si désiré. Égoutter les légumes. Empoter et verser l'huile chaude safranée jusqu'à 12 mm (1/2 po) du bord. Stériliser 15 minutes. Donne 1 bocal de 1 litre.

Nota : Les achards (mot d'origine perse : « atcharu ») sont des hors-d'œuvre à l'huile qui proviennent de l'île de la Réunion, dans les Antilles françaises. Ils accompagnent souvent les sandwichs. Couramment faits avec 1 ou 2 légumes blanchis, et non cuits. C'est pour cette raison qu'ils sont consommés rapidement. Presque tous les légumes peuvent être transformés en « achards ».

Tomates séchées
à l'huile d'olive

Environ 70 g (2,45 oz) de tomates séchées
Vinaigre blanc
Sel de mer non iodé
Feuilles de basilic ou d'origan frais ou 2,5 ml (1/2 c. à thé) de basilic ou d'origan séché
Feuille de laurier (facultatif)
Huile d'olive ou de pépins de raisin
Éclats d'ail blanchis (facultatif)

Si vous n'avez pas séché vos tomates (voir la section *Conserves de tomates* à la page 47), et que vous utilisez des tomates commerciales, réhydratez-les.

Préparer un bain d'eau bouillante : proportions de 3/4 d'eau et 1/4 de vinaigre ou de jus de citron. Laisser tremper environ 5 à 10 minutes. Éponger les tomates. Déposer au fond du bocal stérilisé un choix d'herbes fraîches ou séchées. Tasser les tomates dans le bocal. Ajouter des éclats d'ail blanchis, si désiré. Verser l'huile jusqu'à 5 mm (1/4 po) du bord. Stériliser 15 minutes. Conserver dans un endroit frais et à l'abri de la lumière. Les bocaux non stérilisés doivent être conservés au réfrigérateur. Donne un pot de 250 ml.

Nota : Attendre 2 à 4 semaines (selon l'hydratation des tomates utilisées) avant de consommer.

Feta
au romarin

250 ml (1 tasse) de feta de brebis
1 brin de romarin
12 olives noires Kalamata
2,5 ml (1/2 c. à thé) de grains de poivre
Éclats d'ail (facultatif)
Huile d'olive extra vierge

Voir en introduction *Empotage et stérilisation des conserves à l'huile*, à la page 20.

Couper le fromage en cubes de moins de 18 mm (3/4 po). Défaire le romarin en petits bouquets. Les frotter pour en dégager les arômes. Déposer les olives et le fromage dans le bocal en alternant avec du romarin et des grains de poivre. Verser l'huile d'olive. Sceller. Laisser mariner le fromage 3 à 4 jours avant de déguster. Conserver au réfrigérateur, selon la date d'expiration du fromage indiquée par le fabricant. Donne 1 bocal de 500 ml.

Nota : Varier les saveurs en utilisant d'autres herbes : thym, basilic, origan.

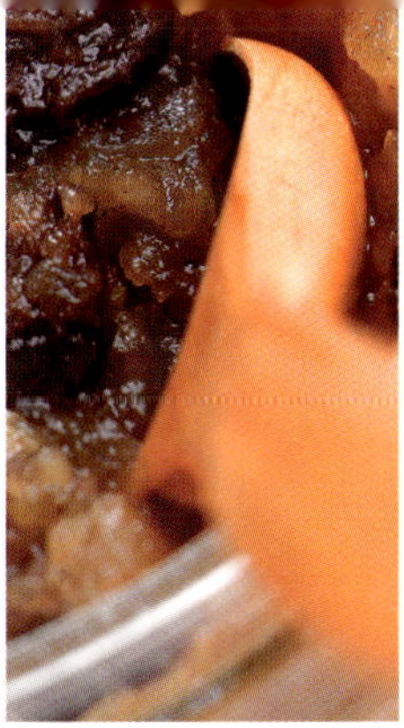

Chutneys

Les chutneys sont issus de la cuisine indienne. « Chutney », en hindi « chatni », signifie « fortement épicé ». Les chutneys sont des condiments délectables faits de mélanges riches de fruits ou de légumes cuits à l'aigre-doux et qui embaument la cuisine par l'ajout d'épices aromatiques. En plus d'accompagner les caris traditionnels, ils relèvent parfaitement les plats froids dans un casse-croûte improvisé et rehaussent tout repas où les plats seraient un peu fades. En bocaux, ils font d'excellents cadeaux. Profitez des abondances saisonnières pour cuisiner quelques variétés de recettes. Celles que je vous propose ne sont pas trop épicées. Vous pouvez donc en augmenter le piquant à votre goût.

Nota : Utilisez un chaudron en acier inoxydable ou émaillé.

Chutney aux fruits à la menthe

1 l (4 tasses) de fruits surgelés ou frais dans les proportions suivantes :

1 moitié de mangues en dés

1 moitié d'ananas en dés

6 kiwis tranchés

500 ml (2 tasses) de potiron

3 pommes en morceaux

1 oignon moyen haché

Zeste et jus d'une orange

Zeste et jus d'une lime

125 ml (1/2 tasse) de menthe hachée

175 ml (3/4 tasse) de vinaigre de vin blanc

375 ml (1 1/2 tasse) de sucre granulé

10 ml (2 c. à thé) de sel de mer

5 ml (1 c. à thé comble) de gingembre râpé

5 ml (1 c. à thé) de moutarde sèche

Pincée de piment chili en poudre

Mesurer environ 1 l (4 tasses) de fruits congelés ou frais. Déposer dans un chaudron les fruits avec tous les autres ingrédients. Mélanger. Cuire à feu doux environ 1 heure ou jusqu'à épaississement. Remuer de temps à autre. Si nécessaire, prélever environ 250 ml (1 tasse) de liquide en cours de cuisson. Empoter. Stériliser. Donne environ 6 bocaux de 250 ml.

Nota : On peut utiliser d'autres variétés de courges : Butternut, Buttercup, courge poivrée, Hubbard, musquée, citrouille vietnamienne.

Chutney aux canneberges et ananas

1 ananas moyen coupé en dés
500 ml (2 tasses) de canneberges fraîches
1 pomme râpée fin
1 oignon rouge haché
1 poivron rouge en dés
250 ml (1 tasse) de sucre granulé
175 ml (3/4 tasse) de vinaigre de vin rouge
2,5 ml (1/2 c. à thé) de cardamome en poudre
2,5 ml (1/2 c. à thé) de gingembre en poudre
0,5 ml (1/8 c. à thé) de poivre de Cayenne (facultatif)
5 ml (1 c. à thé) de sel de mer

Mettre dans un chaudron les morceaux d'ananas (environ 500 ml/2 tasses), l'oignon, le poivron, la pomme râpée, le sucre, le vinaigre et les épices. Mariner 1 heure en remuant de temps en temps. Amener à ébullition sur feu vif en brassant. Réduire le feu. Ajouter les canneberges. Mijoter à feu doux environ 15 minutes ou jusqu'à ce que les canneberges éclatent. Saler. Remuer. Poursuivre la cuisson jusqu'à ce que le chutney épaississe et nappe le dos d'une cuillère. Remuer de temps à autre. Empoter. Stériliser. Donne environ 4 bocaux de 250 ml.

Chutney à l'ananas

750 ml (3 tasses) d'ananas en dés
4 pommes
1 gousse d'ail moyenne
1 oignon jaune moyen
125 ml (1/2 tasse) de raisins dorés
250 ml (1 tasse) de cassonade
250 ml (1 tasse) de vinaigre balsamique blanc
Zeste et jus de 1/2 lime
2,5 ml (1/2 c. à thé) de poivre de Sichuan
2,5 ml (1/2 c. à thé) de coriandre moulue
5 ml (1 c. à thé) de sel de mer

Combiner tous les ingrédients dans un chaudron. Amener à ébullition sur feu vif en brassant pour bien faire fondre le sucre. Réduire le feu. Mijoter à feu doux environ 30 minutes. Saler. Remuer. Poursuivre la cuisson jusqu'à ce que le chutney épaississe et nappe le dos d'une cuillère. Remuer de temps à autre. Empoter. Stériliser. Donne environ 4 bocaux de 250 ml.

Nota : Vous pouvez utiliser du vinaigre blanc à 5 % d'acide acétique par volume pour remplacer le vinaigre balsamique blanc.

Chutney de figues sèches

500 ml (2 tasses) de figues sèches
250 ml (1 tasse) de vin muscat
125 ml (½ tasse) d'eau filtrée
15 ml (1 c. à soupe) de jus de citron et son zeste
1 oignon jaune
1 grosse pomme pelée et épépinée
2,5 ml (½ c. à thé) de cannelle
1 ml (¼ c. à thé) de gingembre
5 ml (1 c. à thé) de sel de mer
1 ml (¼ c. à thé) de poivre noir moulu
5 ml (1 c. à thé) de vinaigre balsamique blanc
30 à 45 ml (2 à 3 c. à soupe) de pignons de pin (facultatif)

Couper les figues sèches en dés. Arroser de vin et d'eau. Laisser macérer une nuit. Faire griller les pignons à sec dans une poêle. Réserver. Hacher l'oignon finement à l'aide d'un robot culinaire et couper la pomme en dés. Faire mijoter tous les ingrédients dans un chaudron sauf les pignons et le vinaigre balsamique. Cuire 45 à 60 minutes à feu doux. Remuer de temps en temps en ajoutant de l'eau si nécessaire. Ajouter le vinaigre balsamique et les pignons grillés avant d'empoter. Empoter. Stériliser. Donne environ 4 bocaux de 250 ml.

Nota : Un vin doux convient également. Remplacer les pignons par des noix de Grenoble ou des pacanes hachées.

Chutney à la rhubarbe

- 500 ml (2 tasses) de morceaux de rhubarbe
- 1 oignon jaune
- 125 ml (½ tasse) de raisins secs
- ½ gousse d'ail hachée
- 5 ml (1 c. à thé) d'épices mélangées
- 10 ml (2 c. à thé) de sel de mer
- 80 ml (⅓ tasse) de vinaigre de cidre
- 250 ml (1 tasse) de sucre granulé

Nettoyer la rhubarbe. Ne conserver que les tiges. Couper en cubes de 2,5 cm (1 po). Mettre tous les ingrédients dans un chaudron. Mélanger. Porter à ébullition. Réduire le feu. Cuire environ 1 heure jusqu'à tendreté tout en remuant de temps à autre. Ajouter un peu d'eau si nécessaire. Saler. Poursuivre la cuisson jusqu'à ce que le chutney épaississe et nappe le dos d'une cuillère. Empoter. Stériliser. Donne environ 4 bocaux de 250 ml.

Chutney aux dattes classique

- 500 ml (2 tasses) de tomates en boîte
- 500 ml (2 tasses) de dattes hachées
- 125 ml (½ tasse) de raisins de Corinthe
- 1 oignon rouge moyen haché
- 80 ml (⅓ tasse) de vinaigre de cidre ou de vin
- 5 ml (1 c. à thé) de sel de mer
- Pincée de piment chili en poudre
- 1 ml (¼ c. à thé) de piment de Jamaïque

Couper les tomates en morceaux. Déposer tous les ingrédients dans un chaudron. Porter à ébullition en mélangeant. Réduire le feu. Cuire à feu doux environ 45 minutes à 1 heure ou jusqu'à épaississement. Remuer de temps à autre. Ajouter un peu d'eau ou de jus de tomate (environ 125 ml/½ tasse) si le chutney a trop épaissi. Empoter. Stériliser. Donne environ 4 bocaux de 250 ml.

Chutney
aux tomates et raisins

750 ml (3 tasses) de tomates en boîte
2 oignons rouges hachés
4 gousses d'ail hachées
1 poivron rouge haché
3 grosses pommes Cortland
500 ml (2 tasses) de raisins de Corinthe
10 ml (2 c. à thé) de gingembre frais haché (facultatif)
10 ml (2 c. à thé) de sel de mer
5 ml (1 c. à thé) de cumin moulu
5 ml (1 c. à thé) d'origan séché
5 ml (1 c. à thé) de moutarde sèche
60 ml (1/4 tasse) de vinaigre de vin rouge
250 ml (1 tasse) de sucre granulé

Couper les tomates en morceaux. Mettre tous les ingrédients dans un chaudron. Porter à ébullition. Laisser mijoter en remuant jusqu'à l'obtention d'une consistance épaisse; le chutney doit napper le dos d'une cuillère. Empoter. Stériliser. Donne environ 5 bocaux de 250 ml.

Chutney aux clémentines et dattes

14 clémentines (environ 1 l/4 tasses)
1 oignon moyen haché
425 ml (1¾ tasse) de dattes
60 ml (¼ tasse) de vinaigre de vin blanc
5 ml (1 c. à thé) de gingembre moulu
5 ml (1 c. à thé) de coriandre moulue
1 ml (¼ c. à thé) de cannelle moulue

Peler les clémentines. Les trancher et dénoyauter. Les déposer dans un chaudron avec les dattes et l'oignon haché. Verser le vinaigre. Ajouter les épices. Porter à ébullition en mélangeant. Réduire le feu. Cuire à feu doux environ 1 heure ou jusqu'à épaississement. Le chutney réduira; ajouter de l'eau au besoin. Empoter. Stériliser. Donne environ 6 bocaux de 250 ml.

Chutney aux tomates et chocolat

5 à 6 tomates moyennes mûres
1 oignon rouge moyen
1 à 2 petites gousses d'ail
4 pommes
250 ml (1 tasse) de raisins secs
80 ml (⅓ tasse) de pépites de chocolat pur (65/70 %)
50 ml (¼ tasse) de vinaigre de vin blanc
125 ml (½ tasse) de sucre
10 ml (2 c. à thé) de sel de mer
1 ml (¼ c. à thé) de cannelle
1 ml (¼ c. à thé) de cumin
2,5 ml (½ c. à thé) de coriandre moulue
5 ml (1 c. à thé) de gingembre en poudre
Pincée de clou de girofle
Pincée de piment chili
125 ml (½ tasse) de graines de citrouille

Blanchir les tomates. Rafraîchir dans l'eau froide. Peler et épépiner. Hacher grossièrement les légumes dans un robot culinaire. Déposer dans le chaudron. Ajouter tous les autres ingrédients. Porter à ébullition en mélangeant. Réduire le feu. Cuire à feu moyen-doux environ 1 heure ou jusqu'à épaississement. Le chutney réduira. Ajouter les graines de citrouille en fin de cuisson. Mélanger. Empoter. Stériliser. Donne environ 6 bocaux de 250 ml.

Nota : Vous pouvez omettre les graines de citrouille ou employer votre choix de noix ou de graines : tournesol, noix de pin ou pistaches.

Chutney
à la papaye et aux prunes

- 1 l (4 tasses) de papaye pas trop mûre
- 1 l (4 tasses) de prunes rouges
- 125 ml (½ tasse) de raisins secs dorés
- 500 ml (2 tasses) de cassonade
- 425 ml (1¾ tasse) de vinaigre de cidre bio
- 30 ml (2 c. à soupe) de jus de citron
- 7,5 ml (1½ c. à thé) de sel de mer
- 15 ml (1 c. à soupe comble) de gingembre haché
- 1 bâton de cannelle
- 2 petites gousses d'ail hachées
- 1 ml (¼ c. à thé) de poivre de Cayenne (ou piment chili broyé)

Trancher la papaye en petits cubes d'environ 12 mm (½ po) après avoir enlevé les graines à l'aide d'une cuillère. Couper les prunes en quartiers et dénoyauter. Chauffer le vinaigre à feu moyen une dizaine de minutes en ajoutant tous les ingrédients sauf la papaye et les prunes. Remuer. Incorporer les fruits et cuire à feu doux environ 30 à 40 minutes ou jusqu'à épaississement. Remuer de temps à autre. Ajouter de l'eau si nécessaire. Empoter. Stériliser. Donne environ 5 bocaux de 250 ml.

Chutney à l'orange

- 6 oranges à peau fine sans pépins
- 1 petit oignon jaune
- 6 pommes
- 250 ml (1 tasse) de raisins dorés
- 250 ml (1 tasse) de sucre en poudre
- 60 ml (1/4 tasse) de vinaigre de vin blanc
- 60 ml (1/4 tasse) de jus d'orange
- 5 ml (1 c. à thé) de sel de mer
- 1 ml (1/4 c. à thé) de clou de girofle en poudre
- 1 ml (1/4 c. à thé) de cannelle en poudre
- 0,5 ml (1/8 c. à thé) de muscade en poudre

Laver et brosser les oranges. Réserver une orange et la couper en tranches. Hacher les autres avec la pelure. Peler et hacher les oignons et les pommes. Mettre tous les ingrédients dans un chaudron. Mélanger. Cuire à feu doux jusqu'à épaississement, soit environ 1 h 30 à 2 heures en remuant. Ajouter un peu d'eau ou de jus d'orange de temps en temps. Empoter. Stériliser. Donne environ 5 bocaux de 250 ml.

Chutney aux kiwis

- 6 kiwis, pelés et hachés
- 1 petit concombre moyen pelé
- 3 pommes, pelées et épépinées
- 1 petite échalote française
- 1/2 pelure de lime hachée finement
- 250 ml (1 tasse) de raisins dorés
- 125 ml (1/2 tasse) de sucre granulé
- Le jus de 1 lime
- 3 feuilles de menthe hachées
- 15 ml (1 c. à soupe) de vinaigre balsamique blanc
- 5 ml (1 c. à thé) de sel de mer
- 2,5 ml (1/2 c. à thé) de cardamome moulue
- 2,5 ml (1/2 c. à thé) de coriandre moulue
- 1 pincée de clou de girofle moulu
- 2,5 ml (1/2 c. à thé) de gingembre moulu
- 8 à 10 feuilles de menthe hachées

Peler et épépiner le concombre et le couper en dés de même que les pommes. Hacher l'échalote finement. Prélever la peau blanche de la pelure de lime à l'aide d'un couteau et la hacher très finement. Déposer le jus et l'écorce de lime et le vinaigre avec le sucre dans le chaudron. Chauffer en remuant pour dissoudre le sucre. Ajouter les épices et le reste des ingrédients sauf les 8 à 10 feuilles de menthe. Cuire à feu doux environ 30 minutes. Ajouter la menthe hachée. Poursuivre la cuisson jusqu'à épaississement. Empoter. Stériliser. Donne environ 3 bocaux de 250 ml.

Chutney
canneberges abricots

- 250 ml (1 tasse) de canneberges fraîches
- 6 oignons verts
- 2 branches de céleri
- 2 grosses pommes, pelées et épépinées
- 250 ml (1 tasse) d'abricots secs
- 250 ml (1 tasse) de cassonade
- 60 ml (1/4 tasse) de vinaigre de vin
- 60 ml (1/4 tasse) d'eau filtrée
- 5 ml (1 c. à thé) de sel de mer
- 2,5 ml (1/2 c. à thé) de piment de la Jamaïque moulu

Nettoyer les oignons verts et conserver environ 20 cm (7 po) de tige. Couper les légumes et les pommes en morceaux. Chauffer à feu moyen le vinaigre et l'eau dans un chaudron. Ajouter la cassonade. Remuer pour qu'elle fonde. Ajouter les abricots hachés. Les laisser gonfler 30 minutes hors du feu. Incorporer le reste des ingrédients. Porter à ébullition à feu moyen. Réduire le feu et cuire environ 45 minutes ou jusqu'à épaississement en remuant de temps à autre. Ajouter de l'eau si nécessaire. Empoter. Stériliser. Donne environ 3 bocaux de 250 ml.

Chutney
aux canneberges et sirop d'érable

- 2 petites échalotes françaises
- Le jus de 1 orange
- 125 ml (1/2 tasse) de vinaigre de cidre
- 500 ml (2 tasses) de canneberges séchées
- 625 ml (2 1/2 tasses) de canneberges fraîches
- 125 ml (1/2 tasse) de raisins secs
- 30 ml (2 c. à soupe) de zeste d'orange haché fin
- 125 ml (1/2 tasse) de sirop d'érable
- 7,5 ml (1 1/2 c. à thé) de sel de mer
- 2,5 ml (1/2 c. à thé) de cannelle en poudre
- 5 ml (1 c. à thé) de curcuma
- 0,5 ml (1/8 c. à thé) de poivre noir moulu

Hacher les échalotes finement. Chauffer à feu moyen le vinaigre et le jus dans un chaudron. Ajouter les canneberges et les raisins secs. Les faire hydrater 30 minutes hors du feu. Incorporer le reste des ingrédients. Porter à ébullition à feu moyen. Réduire le feu et cuire environ 45 minutes ou jusqu'à épaississement en remuant de temps à autre. Ajouter de l'eau si nécessaire ou du jus d'orange. Empoter. Stériliser. Donne environ 3 bocaux de 250 ml.

Variante : Remplacer le sirop d'érable par du miel.

Chutney pommes et raisins grand-mère

6 pommes, pelées, épépinées et hachées (Spartan ou Cortland)
1 oignon jaune moyen
1 petite gousse d'ail
250 ml (1 tasse) de raisins secs
45 ml (3 c. à soupe) de jus de citron
60 ml (1/4 tasse) de vinaigre de cidre
250 ml (1 tasse) de cassonade dorée
10 ml (2 c. à thé) de sel de mer

Épices

5 ml (1 c. à thé) de cannelle
2,5 ml (1/2 c. à thé) de piment de la Jamaïque
1 petite gousse d'ail

Hacher les pommes et l'oignon dans un robot culinaire. Hacher l'ail finement. Mettre tous les ingrédients dans un chaudron et porter à ébullition. Laisser mijoter en remuant jusqu'à obtention d'une consistance épaisse. Mouiller à l'eau si nécessaire. Empoter. Stériliser. Donne 4 bocaux de 250 ml.

Chutney de rutabaga à la coriandre

- 1 rutabaga, pelé
- 125 ml (1/2 tasse) de pruneaux secs hachés
- 1 oignon jaune haché
- 125 ml (1/2 tasse) de vinaigre de vin
- 125 ml (1/2 tasse) de sucre granulé
- 5 ml (1 c. à thé) de sel de mer
- 2,5 ml (1/2 c. à thé) de piment rouge broyé
- 2,5 ml (1/2 c. à thé) de grains de coriandre
- 2,5 ml (1/2 c. à thé) de graines de cardamome
- 1 ml (1/4 c. à thé) de graines de cumin

Réhydrater les pruneaux dans l'eau bouillante (environ 20 minutes). Jeter l'eau. Piquer les pruneaux à l'aide d'une fourchette pour vérifier la présence de noyaux. Couper le rutabaga en petits dés et les oignons en fines rondelles (environ 4 tasses). Cuire le rutabaga dans l'eau bouillante salée pour l'attendrir. Égoutter. Rassembler les 3 épices dans de la gaze à ficeler sur la poignée du chaudron. Mettre tous les ingrédients dans un chaudron. Porter à ébullition. Réduire et cuire lentement avec le couvert entrouvert jusqu'à consistance moelleuse. Remuer de temps en temps. Ajouter de l'eau en cours de cuisson. Écraser grossièrement la préparation si désiré. Empoter. Stériliser. Donne environ 3 bocaux de 250 ml.

Chutney aux poivrons

- 125 ml (1/2 tasse) de raisins secs
- 2 poivrons rouges
- 2 poivrons verts
- 1 oignon jaune
- 2 gousses d'ail
- 1 grosse pomme Cortland, pelée et épépinée
- 30 ml (2 c. à soupe) de pâte de tomates
- 125 ml (1/2 tasse) de vinaigre de vin ou de cidre
- 125 ml (1/2 tasse) de sucre granulé
- 10 ml (2 c. à thé) de sel de mer
- 1 ml (1/4 c. à thé) de poivre de la Jamaïque
- 1 ml (1/4 c. à thé) de piment chili en poudre
- 5 ml (1 c. à thé) de moutarde en poudre
- 1 ml (1/4 c. à thé) de gingembre en poudre
- 1 ml (1/4 c. à thé) de curcuma
- 0,5 ml (1/8 c. à thé) de poivre noir moulu

Tremper les raisins secs environ 15 minutes dans l'eau bouillante pour les faire gonfler. Jeter l'eau. Couper les poivrons et l'oignon en dés. Hacher l'ail finement. Déposer tous les ingrédients dans un chaudron. Porter à ébullition. Réduire et cuire lentement jusqu'à consistance moelleuse. Remuer de temps en temps. Mouiller au vinaigre si nécessaire en cours de cuisson. Empoter. Stériliser. Donne environ 3 bocaux de 250 ml.

Nota : Le mélange curcuma-poivre noir ajoute des propriétés anticancer à ce délicieux chutney.

Chutney aux mangues

10 ml (2 c. à thé) de zeste de lime et 20 ml (4 c. à thé) de jus de lime
4 mangues mûres
6 petits oignons perlés
1 gousse d'ail
10 ml (2 c. à thé) de sel de mer
250 ml (1 tasse) de sucre granulé
175 ml (3/4 tasse) de vinaigre de vin blanc
2,5 ml (1/2 c. à thé) de cannelle
5 ml (1 c. à thé) de gingembre râpé
1 ml (1/4 c. à thé) de piment de la Jamaïque
2 à 3 pincées de poivre de Cayenne

Prélever le zeste de la lime à l'aide d'un couteau et le trancher finement; prélever ensuite le jus. Couper les mangues et les oignons en dés. Verser tous les ingrédients dans un chaudron. Chauffer à feu moyen et porter à ébullition en remuant. Réduire le feu et mijoter environ 15 minutes ou jusqu'à épaississement en remuant de temps en temps. Mouiller au vinaigre ou à l'eau si nécessaire. Empoter. Stériliser. Donne environ 4 bocaux de 250 ml.

Chutney aux pêches et aux dattes

150 ml (2/3 tasse) de dattes
70 g (2/3 tasse) d'échalotes françaises
500 ml (2 tasses) de pêches
125 ml (1/2 tasse) de sucre granulé
5 ml (1 c. à thé) de gingembre râpé
10 ml (2 c. à thé) de sel de mer
375 ml (1 1/2 tasse) de vinaigre de vin blanc
22 ml (1 1/2 c. à soupe) d'estragon séché

Hacher les dattes. Émincer les échalotes. Vider 375 ml (1 1/2 tasse) de vinaigre de cidre ou de vin blanc dans un chaudron avec l'estragon séché. Laisser mijoter 15 minutes. Tiédir. Passer au tamis. Verser la moitié du vinaigre dans le chaudron. Ajouter tous les autres ingrédients. Chauffer à feu moyen et porter à ébullition en remuant. Réduire le feu et mijoter jusqu'à épaississement en remuant de temps en temps. Mouiller avec le vinaigre restant ou à l'eau si nécessaire. Empoter. Stériliser. Donne 3 bocaux de 250 ml.

Nota : Remplacer les échalotes françaises par de l'oignon doux.

Confitures, compotes et garnitures

Recevoir un pot de confiture maison faite de fruits frais ou séchés est toujours apprécié. Cette section vous propose des recettes agréables à faire dont les confitures classiques aux petits fruits des champs et d'autres surprenantes relevées d'une herbe aromatique ou agrémentées d'une touche croquante de noix, ou encore, des tartinades réduites en calories et des garnitures pour vos pâtisseries. Certains fruits contiennent plus de pectine que d'autres (voir la section *gelées*, à la page 158, pour la technique de vérification de la teneur en pectine). Elle est surtout présente dans la peau et les pépins. La pectine est indispensable à la réussite des confitures, car elle leur permet de prendre. En fin de cuisson, il faut, tout comme pour les recettes de gelées, faire un test de gélification (voir *Tests de gélification*, à la page 24). L'action de la pectine est renforcée par la présence d'acide tel que le jus de citron.

Pour réussir les confitures

- Choisissez de beaux fruits mûrs, plutôt fermes, sans traces de moisissure.
- Nettoyez-les sous l'eau rapidement en prenant soin de bien les égoutter et de les sécher avec des essuie-tout ou un linge de cuisine propre.
- Enlevez les queues et les feuilles, le cœur, pédoncules, etc., et toute meurtrissure apparente.
- Coupez et dénoyautez les fruits à noyau.
- Le beurre doux diminue l'écume pendant la cuisson.
- Suivez la méthode du thermomètre ou de la nappe (voir *Tests de gélification*, à la page 24).

Confiture ratée ?

- Confiture trop liquide : cuisson trop courte ou manque de pectine.
- Confiture cristallisée : trop de sucre, trop longue cuisson; elle a bouilli avant que le sucre ait eu le temps de se dissoudre ou elle a été trop souvent brassée.
- Confiture moisie : manque de sucre, cuisson trop courte, fruits gâtés ou encore des bocaux froids ou mouillés à l'empotage.

Entreposer une confiture dans un endroit chaud occasionne de la moisissure. Un bocal ouvert doit être conservé au réfrigérateur.

Confiture
abricots et noix classique

500 g (1,1 lb) d'abricots séchés biologiques de préférence

500 ml (2 tasses) de sucre granulé

Le jus de 2 citrons

5 ml (1 c. à thé) de beurre doux

60 ml (1/4 tasse) d'amandes ou de noix de Grenoble hachées

Couper les abricots en quatre. Les couvrir d'eau bouillante pour les réhydrater jusqu'à ce qu'ils soient bien attendris. Mesurer le liquide et en verser 500 ml (2 tasses) dans un chaudron. Ajouter de l'eau au besoin. Ajouter les abricots et le jus de citron. Verser le sucre. Porter à ébullition en remuant. Réduire le feu et mijoter à découvert environ 30 à 40 minutes ou jusqu'à épaississement. Écumer si nécessaire. Ajouter les noix hachées ou en morceaux. Mélanger. Empoter. Stériliser. Donne environ 4 bocaux de 250 ml.

Confiture légère pêche et fruit de la passion

- 1 kg (2,2 lb) de pêches hachées finement
- 2 fruits de la passion mûrs
- 250 ml (1 tasse) d'eau filtrée
- 5 ml (1 c. à thé) de beurre doux
- 15 ml (1 c. à soupe) de jus de citron
- 1 sachet moins 15 ml (1 c. à soupe) de pectine de fruits « Pas besoin de sucre »
- 125 ml (1/2 tasse) de miel

Prélever la pulpe et les graines des fruits de la passion à l'aide d'une cuillère. Déposer les fruits dans un chaudron avec les pêches (blanchies, pelées dénoyautées et hachées). Ajouter l'eau, le jus de citron et le beurre. Saupoudrer la pectine et bien mélanger pour la dissoudre. Amener à ébullition à feu vif (gros bouillons), en brassant souvent. Verser le miel et remuer. Ramener à ébullition et faire bouillir 3 minutes en remuant constamment. Retirer du feu. Écumer si nécessaire. Empoter. Stériliser. Donne environ 4 bocaux de 250 ml.

Nota : Le fruit de la passion est mûr quand son écorce commence à se ratatiner.

Variante : Pour une saveur champêtre, infuser l'eau à ajouter dans la recette avec 1 à 2 c. à thé de lavande séchée pour la cuisine (Bleu Lavande).

Confiture de fraises et pacanes aromatisée à l'estragon

- 2 l (8 tasses) de fraises entières
- 60 ml (1/4 tasse) de jus de citron frais
- 1 l (4 tasses) de sucre granulé
- 15 ml (1 c. à soupe) d'estragon séché moulu
- 5 ml (1 c. à thé) de beurre doux
- 30 à 45 ml (2 à 3 c. à soupe) de pacanes hachées par bocal (facultatif)

Laver, équeuter et hacher les fraises grossièrement. Mettre l'estragon séché dans un nouet (carré d'étamine) et l'attacher au manche du chaudron pour qu'il baigne dans la confiture. Verser le jus de citron sur les fraises. Cuire les fraises à feu très doux, à couvert, jusqu'à ce qu'elles soient très tendres, environ 15 minutes. Ajouter le sucre. Remuer. Porter rapidement à ébullition. Cuire encore 10 à 20 minutes ou faire le test de gélification (voir page 24). Écumer si nécessaire. Empoter. Stériliser. Donne environ 4 bocaux de 500 ml.

Nota : Vous pouvez utiliser des fraises surgelées décongelées.

Café au Lait

Confiture de pêches à la vanille

1 kg (2,2 lb) de pêches hachées finement
1,87 l (7½ tasses) de sucre granulé
75 ml (5 c. à soupe) de jus de citron
5 ml (1 c. à thé) de beurre doux
15 ml (1 c. à soupe) d'extrait de vanille pure
170 ml (2 sachets) de pectine liquide

Blanchir, peler, dénoyauter et hacher finement les pêches. Mesurer la quantité nécessaire. Ajouter le sucre, le jus de citron et le beurre. Mélanger. Amener à ébullition à feu moyen, en brassant pour bien dissoudre le sucre. Ajouter la vanille et verser la pectine liquide d'un trait. Faire bouillir à gros bouillons 1 minute en remuant constamment. Écumer si nécessaire. Empoter. Stériliser. Donne environ 6 bocaux de 250 ml.

Variante : Utilisez la même recette pour une confiture de poires écrasées en ajoutant 1 seul sachet (85 ml) de pectine liquide, car les poires contiennent un peu plus de pectine que les pêches. Pour des saveurs aussi intéressantes, parfumez au rhum ou au cognac.

Marmelade au citron

12 citrons
1,87 l (7½ tasses) de sucre granulé
875 ml (3½ tasses) d'eau filtrée

Laver et brosser les citrons. Enlever l'écorce à l'aide d'un économe en évitant de retirer le blanc. Presser pour obtenir environ 2 tasses de jus. Cuire les écorces dans l'eau filtrée environ 45 minutes ou jusqu'à ce qu'elles soient tendres et se transpercent facilement. Les trancher en fines lanières. Dissoudre le sucre dans l'eau en remuant. Ajouter les lanières et cuire 15 minutes. Retirer les écorces. Réserver. Verser le jus dans la casserole et cuire jusqu'à épaississement, soit environ 20 minutes. Remettre les lanières de citron. Porter à ébullition rapidement pendant 10 à 15 minutes. Faire le test de gélification (page 24). Empoter. Stériliser. Donne environ 4 bocaux de 250 ml.

Nota : Cuisiner cette marmelade avec des citrons « minces » ayant le moins de peau blanche entre la chair et l'écorce. Il faut un peu de temps avec un couteau économe pour réaliser cette opération.

Marmelade d'agrumes au gingembre

4 à 5 limes
2 gros citrons
30 ml (2 c. à soupe) de gingembre frais haché finement
1,25 l (5 tasses) d'eau filtrée
Sucre granulé

Laver et brosser les agrumes et couper leurs extrémités. Les déposer dans un chaudron. Verser l'eau et ajouter le gingembre. Cuire à feu doux 1 heure et demie jusqu'à ce qu'ils soient tendres et se transpercent facilement. Tiédir. Réserver le liquide. Couper les agrumes en deux. À l'aide d'une cuillère en métal, extirper la chair et les pépins en enlevant le plus de peau blanche de l'écorce. Déposer dans un sac à gelée sauf l'écorce. Couper celle-ci en petits morceaux. Presser le sac au-dessus d'un chaudron pour en extraire tout le jus, puis jeter le contenu du sac. Ajouter le liquide de cuisson et le sucre. Mesurer 560 ml (2¼ tasses) de sucre pour 625 ml (2½ tasses) de liquide. Mijoter en remuant pour bien dissoudre le sucre. Porter à ébullition rapidement sans remuer pendant 15 minutes environ ou jusqu'au point de gélification (voir page 24). Empoter. Stériliser. Donne environ 3 bocaux de 250 ml.

Variante : Pour une touche plus sucrée, ajouter 45 ml (3 c. à soupe) de gingembre confit haché. Des amandes ou des pacanes apporteront une touche originale.

Confiture légère fraise-rhubarbe

500 ml (2 tasses) de fraises écrasées
500 ml (2 tasses) de rhubarbe en morceaux
125 ml (½ tasse) de jus de pomme
15 ml (1 c. à soupe) de jus de citron
5 ml (1 c. à thé) de beurre
1 sachet moins 15 ml (1 c. à soupe) de pectine de fruits « Pas besoin de sucre »
250 ml (1 tasse) de sucre granulé

Déposer les fruits dans un chaudron. Ajouter le jus de pomme, le jus de citron et le beurre. Saupoudrer la pectine et bien mélanger pour la dissoudre. Amener à ébullition à feu vif (à gros bouillons), en remuant souvent. Verser le sucre et remuer. Reporter à ébullition et faire bouillir 3 minutes sans cesser de remuer. Retirer du feu. Écumer si nécessaire. Empoter. Stériliser. Donne environ 4 bocaux de 250 ml.

Nota : Vous pouvez utiliser 175 ml (¾ tasse) de miel ou d'un autre succédané au choix.

Marmelade
aux trois agrumes

3 oranges sanguines
2 pamplemousses roses
4 citrons
1,25 l (5 tasses) de sucre granulé
3,75 l (15 tasses) d'eau filtrée
5 ml (1 c. à thé) de beurre doux (facultatif)

Verser l'eau dans un chaudron. Laver et brosser les agrumes. Les couper en deux pour en prélever le jus. Prélever les écorces et les couper en lanières fines ou les hacher finement en évitant de retirer le blanc. Mettre dans un sac à gelée (ou un coton fromage) tous les pépins et le reste des agrumes, la peau enlevée. L'attacher au manche du chaudron. Déposer dans le chaudron avec le jus. Porter à ébullition. Mijoter 30 à 40 minutes. Retirer le sac et le presser pour avoir tout le jus. Ajouter le sucre et le beurre. Porter à ébullition rapidement pendant 20 à 25 minutes. Écumer. Faire le test de gélification (voir page 24). Empoter. Stériliser. Donne environ 6 bocaux de 500 ml.

Marmelade orange citron

1,5 l (6 tasses) d'eau
750 ml (3 tasses) d'écorces d'orange et la pulpe hachée
840 ml (3½ tasses) de citrons tranchés (environ 4 citrons)
1,3 l (5½ tasses) de sucre granulé

Laver et brosser les agrumes. Hacher finement les écorces d'orange et trancher finement les citrons. Faire mijoter les fruits dans l'eau 5 minutes. Macérer 10 à 12 heures. Cuire à feu moyen-doux 45 minutes. L'écorce doit être tendre. Ajouter le sucre en remuant. Amener à ébullition lentement afin de bien dissoudre le sucre. Remuer. Porter ensuite à ébullition rapidement 15 minutes en brassant souvent. Faire le test de gélification (voir page 24). Retirer du feu. Empoter. Stériliser. Donne environ 6 bocaux de 250 ml.

Marmelade légère orange sanguine et pamplemousse

1,2 kg (8) oranges sanguines
1 pamplemousse rose
375 ml (1½ tasse) de sucre (facultatif)
1 paquet de pectine « Pas de sucre ajouté »
2,5 ml (½ c. à thé) de beurre doux (facultatif)

Laver et brosser les agrumes. Peler les fruits à l'aide d'un économe en évitant de saisir la peau blanche. Défaire les fruits en quartiers en enlevant les membranes. Réserver dans un chaudron. Découper et hacher les écorces en petits morceaux ou en faire des lamelles. Déposer dans un autre chaudron. Recouvrir d'eau. Cuire les écorces à feu moyen-doux environ 30 minutes ou jusqu'à ce qu'elles soient tendres. Verser environ 250 ml (1 tasse) de liquide de cuisson dans le chaudron et ajouter les écorces aux fruits écrasés. Verser la pectine et le beurre. Bien mélanger pour dissoudre la pectine. Amener à ébullition en remuant. Lorsqu'il se forme de gros bouillons, ajouter le sucre (ou autre édulcorant). Ne pas cesser de remuer tout en conservant une forte ébullition pendant 3 minutes. Retirer du feu et écumer. Empoter. Stériliser 10 minutes. Donne environ 4 bocaux de 250 ml.

Marmelade d'oranges sanguines

1,2 kg (4½ tasses) d'oranges sanguines
Sucre granulé
1 sachet de pectine de fruits régulière
2,5 ml (½ c. à thé) de beurre doux (facultatif)

Laver et brosser les fruits. Prélever les écorces à l'aide d'un économe en prenant soin de laisser le blanc. Hacher en petits morceaux ou en lamelles. Couper les oranges en 2. En extraire le jus. Réserver dans un chaudron. Cuire les écorces dans environ 250 ml (1 tasse) d'eau (ou plus pour les couvrir), à feu moyen-doux, jusqu'à ce qu'il soit facile de les transpercer avec une fourchette. Mesurer 250 ml (1 tasse) de sucre par tasse de liquide (incluant le jus réservé) et de pelures (incluant le jus de cuisson). Mettre les écorces cuites, le liquide mesuré, la pectine et le beurre dans un chaudron. Mélanger pour bien dissoudre la pectine. Faire bouillir à gros bouillon à feu vif en brassant. Ajouter le sucre et continuer de brasser pendant encore 1 minute. Retirer du feu. Écumer si nécessaire. Empoter. Stériliser. Donne environ 4 bocaux de 250 ml.

Marmelade classique

1 kg (2,2 lb) d'oranges amères*
2 oranges
2 citrons
3 l (12 tasses) d'eau
500 ml (2 tasses) de jus d'orange
3,37 l (13½ tasses) de sucre
5 ml (1 c. à thé comble) de beurre

Laver et brosser les fruits. Prélever les écorces d'orange à l'aide d'un économe en prenant soin de ne pas toucher le blanc. Couper les écorces en lamelles plus ou moins fines. Trancher toutes les oranges et les citrons en deux. En extraire le jus et conserver les pépins. Jeter les citrons. Recouper les oranges en deux. À l'aide d'une cuillère, prélever la peau blanche et les pépins restants. Déposer dans un sac à gelée ou un morceau d'étamine et nouer. Mettre tous les ingrédients, sauf le sucre et le beurre, dans un chaudron. Porter à ébullition. Réduire le feu et mijoter environ 2 heures sans couvrir. L'écorce sera molle et le liquide aura réduit d'un bon tiers. Presser le sac au-dessus du chaudron pour obtenir tout le jus. Verser le sucre. Remuer pour le dissoudre. Reporter à forte ébullition pendant 15 minutes. Retirer du feu. Faire le test de gélification (voir page 24). Cuire encore quelques minutes si nécessaire. Écumer. Empoter. Stériliser. Donne environ 5 pots de 500 ml.

* On appelle orange de Séville ou bigarades les oranges amères. On les consomme rarement fraîches. On en fait surtout des marmelades, des sauces, des sirops et des gelées.

Confiture de fraises classique

1 l (4 tasses) de fraises écrasées
1 l (4 tasses) de sucre granulé
30 ml (2 c. à soupe) de jus de citron
5 ml (1 c. à thé) de beurre

Écraser les fraises lavées et équeutées à l'aide d'un pilon ou d'une fourchette ou les trancher en morceaux. Porter à ébullition avec le sucre sans brasser. Cuire 15 à 20 minutes ou jusqu'à ce que le thermomètre indique 105 °C (220 °F) ou faire le test de gélification (voir page 24). Écumer si nécessaire. Empoter. Stériliser. Donne environ 4 bocaux de 250 ml.

Confiture de fraises à la cardamome

Voir recette de confiture de fraises classique pour les ingrédients
Ajouter
5 ml (1 c. à thé) de cosses de cardamome

Moudre les cosses de cardamome grossièrement. Les envelopper dans un nouet (carré d'étamine) et le suspendre dans le chaudron. Écraser les fraises lavées et équeutées à l'aide d'un pilon ou d'une fourchette. Porter à ébullition avec le sucre sans brasser. Cuire 15 à 20 minutes ou jusqu'à ce que le thermomètre indique 105 °C (220 °F) ou faire le test de gélification (voir page 24). Retirer le nouet. Écumer si nécessaire. Empoter. Stériliser. Donne environ 4 bocaux de 250 ml.

Confiture divine

fraises et miel

1 l (4 tasses) de fraises très mûres et tranchées

250 ml (1 tasse) de canneberges surgelées

300 ml (1¼ tasse) de miel

2,5 ml (½ c. à thé) de beurre

Le jus de ½ citron

Amener les 4 premiers ingrédients à ébullition. Réduire le feu. Cuire encore 20 minutes à feu doux. Écraser les fruits dans le chaudron à l'aide d'un presse-purée pour libérer la pectine. Ajouter le jus de citron. Augmenter le feu à moyen-élevé. Faire bouillir 10 minutes de plus, en remuant de temps en temps pour ne pas que la confiture colle au chaudron. Faire le test de gélification (voir page 24). Reporter sur le feu 5 minutes de plus au besoin. Empoter. Stériliser. Donne 5 bocaux de 500 ml.

Nota : Il est possible de conserver cette confiture au réfrigérateur ou de la congeler en portions individuelles dans des bacs à glaçons ou des sacs à congélation.

Confiture de fraises aromatisée au poivre noir

Voir recette de confiture de fraises classique pour la liste des ingrédients, à la page 135

Ajouter

5 ml (1 c. à thé) de grains de poivre noir moulus

Moudre les grains de poivre grossièrement. Les envelopper dans un nouet (carré d'étamine) et le suspendre dans le chaudron. Écraser les fraises lavées et équeutées à l'aide d'un pilon ou d'une fourchette. Porter à ébullition avec le sucre sans brasser. Cuire 15 à 20 minutes ou jusqu'à ce que le thermomètre indique 105 °C (220 °F) ou faire le test de gélification (voir page 24). Retirer le nouet. Écumer si nécessaire. Empoter. Stériliser. Donne environ 4 bocaux de 250 ml.

Confiture de fraises et ananas

1,5 l (6 tasses) de fraises

375 ml (1½ tasse) d'ananas frais en morceaux

15 ml (1 c. à soupe) de jus de citron

5 ml (1 c. à thé) de beurre doux

1 sachet moins 15 ml (1 c. à soupe) de pectine de fruits « Pas besoin de sucre »

375 ml (1½ tasse) de miel

Hacher finement l'ananas et les fraises dans un robot culinaire. Déposer les fruits dans un chaudron. Ajouter le jus de citron et le beurre. Saupoudrer la pectine et bien mélanger pour la dissoudre. Amener à ébullition à feu vif (à gros bouillons), en brassant souvent. Verser le miel et remuer. Reporter à ébullition et faire bouillir 3 minutes en ne cessant pas de remuer. Retirer du feu. Écumer si nécessaire. Empoter. Stériliser. Donne 3 bocaux de 500 ml.

Nota : Cette confiture peut servir de garniture pour la pâtisserie (tartelettes, feuilletés) ou être mélangée avec du yogourt nature ou garnir une crème glacée.

Confiture ananas gingembre

- 500 ml (env. 2 tasses) d'ananas frais
- 2 grosses pommes Cortland, pelées et épépinées
- 625 ml (2½ tasses) de sucre granulé
- 90 ml (6 c. à soupe) de jus de citron
- 45 ml (3 c. à soupe) de gingembre haché
- 5 ml (1 c. à thé) de gingembre moulu
- 5 ml (1 c. à thé) de beurre doux

Hacher les ananas et les pommes dans un robot culinaire. Déposer dans un chaudron. Ajouter le sucre, le jus de citron, le gingembre et le beurre. Mélanger. Amener à ébullition à feu moyen, en brassant pour bien dissoudre le sucre. Cuire environ 20 à 30 minutes. Faire le test de gélification (voir page 24). Écumer si nécessaire. Empoter. Stériliser. Donne environ 3 bocaux de 250 ml.

Confiture de framboises classique

- 2,25 l (9 tasses) de framboises
- 1,5 l (6 tasses) de sucre
- 15 ml (1 c. à soupe) de jus de citron
- 2,5 ml (1/2 c. à thé) de beurre doux

Déposer les fruits, le sucre, le jus de citron et le beurre dans un chaudron. Porter à ébullition sans brasser. Cuire 15 à 20 minutes. Faire le test de gélification (voir page 24). Écumer si nécessaire. Empoter. Stériliser. Donne environ 4 bocaux de 250 ml.

Marmelade
d'automne à la courge

- 875 ml (3½ tasses) de cubes de courge
- 3 oranges
- 400 ml (1⅔ tasse) d'eau filtrée
- 60 ml (¼ tasse) de pectine régulière
- 2,5 ml (½ c. à thé) de beurre
- 1 l (4 tasses) de sucre

Laver et brosser les oranges et les trancher en rondelles de 5 mm (¼ po) d'épaisseur, et les recouper en quartiers. Mijoter dans de l'eau jusqu'à ce que la pelure soit tendre. Conserver le jus de cuisson. Cuire la courge jusqu'à tendreté dans une eau légèrement salée. Égoutter. Réduire ou non en purée grossière. Ajouter les oranges, l'eau de cuisson, le beurre et la pectine et remuer pour la dissoudre. Porter à ébullition à gros bouillons. Verser le sucre et ne pas cesser de brasser. Laisser bouillir 1 minute. Retirer du feu. Empoter. Stériliser. Donne environ 4 bocaux de 250 ml.

Compote de pommes traditionnelle (légère)

4 l (16 tasses) de pommes de grosseur moyenne (environ 27) (McIntosh, Jaune délicieuse)
375 ml (1½ tasse) d'eau filtrée
15 ml (1 c. à soupe) de jus de citron
250 à 375 ml (1 à 1½ tasse) de sucre (facultatif)
2,5 ml (½ c. à thé) de cannelle moulue
2 pincées de clou de girofle

Peler les pommes, prélever le cœur et trancher en quartiers. Porter l'eau à ébullition. Cuire les pommes à feu doux, à couvert, environ 15 minutes en remuant de temps à autre. Ajouter le sucre et la cannelle et reporter à ébullition, à découvert, en brassant pour faire fondre le sucre. Mijoter encore 15 minutes. Retirer du feu. Réduire en purée à l'aide d'un presse-purée ou dans un robot culinaire. Empoter. Stériliser 15 minutes pour 500 ml et 20 minutes pour 1 litre. Congeler jusqu'à 10 mois ou réfrigérer 1 semaine. Donne 12 pots de 250 ml.

Variante : Utilisez votre édulcorant préféré en goûtant entre chaque addition. Le xylitol, le stevia ou le sirop d'agave sont recommandables : leur indice glycémique est bien inférieur au sucre granulé traditionnel.

Confiture de mangues à la lime

1,5 l (6 tasses) de pulpe de mangue
1,12 l (4½ tasses) de sucre granulé
Le zeste et le jus de 3 limes

Peler les mangues et les couper en morceaux. Faire macérer les fruits dans le sucre pendant 24 heures. Ajouter le jus et le zeste de lime. Faire cuire 30 minutes. Empoter. Stériliser. Donne environ 3 bocaux de 500 ml.

Variante : La saveur douce d'une gousse de vanille ou l'exotique poivre de Sichuan ajoutent à cette confiture un goût exquis.

Confiture de mûres classique

1 l (4 tasses) de pommes, pelées, épépinées et hachées
300 ml (1¼ tasse) d'eau filtrée
2 l (8 tasses) de mûres
3,5 l (14 tasses) de sucre granulé
5 ml (1 c. à thé) de beurre
15 ml (1 c. à soupe) de jus de citron
1 à 2 feuilles de laurier (facultatif)

Cuire les pommes avec la moitié de l'eau jusqu'à ce qu'elles soient attendries. Réserver. Cuire les mûres avec le reste de l'eau jusqu'à tendreté, soit environ 15 minutes. Ajouter les pommes cuites et les feuilles de laurier. Porter à ébullition. Verser le sucre et le beurre. Remuer jusqu'à dissolution du sucre. Cuire environ 10 minutes. Faire le test de gélification (voir page 24). Écumer si nécessaire. Empoter. Stériliser. Donne environ 6 bocaux de 500 ml.

Confiture
4 saisons aux tomates

- 1,5 kg (3,3 lb) de tomates
- 1,6 l (6¼ tasses) de sucre granulé
- 500 ml (2 tasses) d'eau filtrée
- Le jus de 2 citrons
- 125 ml (½ tasse) de noix de pin grillées

Hacher les tomates grossièrement dans un robot culinaire. Verser l'eau et le sucre dans un chaudron. Porter à ébullition en brassant. Réduire le feu et cuire 15 minutes environ jusqu'à l'obtention d'un sirop épais. Ajouter les tomates hachées. Mijoter 45 minutes en brassant souvent jusqu'à ce que les tomates soient bien cuites et que la confiture ait épaissi. Ajouter le jus de citron et les noix grillées en fin de cuisson. Empoter. Stériliser. Donne environ 3 bocaux de 250 ml.

Confiture d'hiver aux carottes aromatisée au Brandy

1 kg (2,2 lb) de carottes
875 ml (3½ tasses) de sucre granulé
Le zeste et le jus de 2 citrons
15 ml (1 c. à soupe) de gingembre frais haché
10 ml (2 c. à thé) de gingembre en poudre
30 ml (2 c. à soupe) de gingembre confit
30 ml (2 c. à soupe) de Brandy (facultatif)

Peler et trancher les carottes en rondelles. Les mettre dans un chaudron. Recouvrir d'eau. Cuire environ 15 à 20 minutes ou jusqu'à ce qu'elles soient très tendres. Égoutter. Réduire en purée grossière. Faire cuire environ 20 minutes encore avec le sucre et le gingembre frais et en poudre en brassant. Ajouter le jus de citron et le gingembre confit haché. Cuire jusqu'à épaississement. Ajouter le brandy en fin de cuisson. Empoter. Stériliser. Donne environ 2 bocaux de 250 ml.

Compote de fraises et pommes vertes à la cannelle

500 ml (2 tasses) de fraises écrasées
250 ml (1 tasse) de pommes vertes Granny Smith, pelées et épépinées
250 ml (1 tasse) de sucanat* bio (brun)
1 ml (¼ c. à thé) de cannelle moulue

Laver et équeuter les fraises et les écraser à l'aide d'un pilon ou d'une fourchette. Hacher les pommes. Porter à ébullition avec le sucre et la cannelle sans brasser. Cuire 15 à 20 minutes jusqu'à ce que le thermomètre indique 105 °C (220 °F). Écumer de temps en temps. Empoter. Stériliser. Donne environ 2 bocaux de 250 ml.

Nota : Voici une petite recette facile à faire toute l'année quand on a des fraises congelées. On peut doubler la recette.

***Sucanat :** Sucre organique de canne complet granuleux, ayant un taux de sucrose moins élevé.

Purée de poires pour petits et grands

2 l (8 tasses) de poires Bartlett mûres
125 ml (½ tasse) d'eau filtrée
15 ml (1 c. à soupe) de jus de citron frais
Succédané au goût (xylitol, nectar d'agave)

Suivre la recette de compote de pommes (voir page 142). Ajouter un peu plus d'eau durant la cuisson selon les fruits utilisés. Passer au tamis pour une texture plus fine. Donne 6 pots de 250 ml.

Compote kiwi ananas aromatisée au romarin

1 l (4 tasses) de kiwis (20)
1 l (4 tasses) d'ananas en dés
15 ml (1 c. à soupe) de jus de citron
250 ml (1 tasse) de vin blanc doux
2 brins de 5 cm (2 po) de romarin
Sucre

Couper les kiwis pelés en rondelles. Peler l'ananas et le couper en dés. Réduire les fruits en purée dans un robot culinaire. Transférer dans un chaudron et porter à ébullition avec le vin, le jus de citron et le brin de romarin. Réduire le feu et cuire environ 20 minutes. Mesurer la purée obtenue et ajouter 125 ml (½ tasse) de sucre chaud par 250 ml (1 tasse) de purée. Mélanger. Cuire environ 10 minutes pour une compote onctueuse en remuant à l'occasion pour ne pas qu'elle colle. Empoter. Stériliser. Donne environ 4 bocaux de 250 ml.

Nota : Étaler le sucre dans un plat de verre et réchauffer au four à basse température avant de l'incorporer à la purée.

Confiture
légère aux 4 fruits classique

500 ml (2 tasses) de fraises écrasées
250 ml (1 tasse) de framboises écrasées
125 ml (½ tasse) de mûres écrasées
125 ml (½ tasse) de bleuets écrasés
250 ml (1 tasse) de jus de pomme ou de canneberge non sucré
2,5 ml (½ c. à thé) de beurre doux
125 à 175 ml (½ à ¾ tasse) de miel
1 sachet de pectine « Pas besoin de sucre »

Nettoyer et équeuter les fruits. Les écraser dans un chaudron. Ajouter la pectine, le jus de fruits et le beurre. Bien mélanger pour dissoudre la pectine. Amener à ébullition en remuant. Lorsque le tout cuit à gros bouillons, ajouter le sucre (ou autre édulcorant). Remuer constamment tout en conservant une forte ébullition pendant 3 minutes. Retirer du feu et écumer. Empoter. Stériliser. Donne environ 4 bocaux de 250 ml.

Compote d'été aux fraises et à la rhubarbe

1,75 l (7 tasses) de cubes de rhubarbe
1 l (4 tasses) de fraises tranchées
4 grosses pommes (Gala, Délicieuse)
500 ml (2 tasses) de sucre granulé
60 ml (1/4 tasse) de jus de citron
15 ml (1 c. à soupe) d'écorce d'orange hachée fin
1 bâton de cannelle

Porter tous les ingrédients à ébullition sauf les fraises. Réduire le feu. Mijoter 10 à 15 minutes ou jusqu'à tendreté. Incorporer les fraises. Mélanger. Ramener à ébullition 5 à 8 minutes en remuant. Empoter. Stériliser 15 minutes. Donne environ 6 bocaux de 250 ml.

Nota : Utiliser cette garniture pour une tarte, pour napper de la crème glacée ou avec du yogourt nature. Elle contient la moitié moins de sucre qu'une confiture traditionnelle.

Coulis de fruits classique

1 l (4 tasses) de fruits frais
750 ml (3 tasses) de sucre granulé
Arômes (facultatif)
Huiles essentielles de menthe, d'agrumes, de lavande
Essence de vanille

Déposer les fruits mûrs nettoyés, pelés et dénoyautés dans un robot culinaire avec le sucre jusqu'à l'obtention d'une purée très lisse. Passer au chinois si désiré. Parfumer au service en ajoutant 1 goutte à la fois. Remuer et goûter. Empoter. Stériliser. Conserver au réfrigérateur dans un contenant hermétique 1 semaine ou jusqu'à 3 mois au congélateur.

Nota : Si vous optez pour la congélation, fouettez le coulis après décongélation pour une meilleure homogénéité. Si vous désirez changer de succédané, testez avec de petites quantités à la fois.

Garniture légère aux bleuets

1 l (4 tasses) de bleuets sauvages

300 ml (1 1/4 tasse) de jus de pomme ou de raisin non sucré

1 bâton de cannelle

1 anis étoilé

5 ml (1 c. à thé) de zeste d'orange

375 ml (1 1/2 tasse) ou moins d'édulcorant au choix

1 sachet de pectine « Pas besoin de sucre »

2,5 ml (1/2 c. à thé) de beurre doux

Infuser les épices dans le jus bouillant 30 minutes. Filtrer dans un tamis fin. Nettoyer les bleuets. Les écraser dans le chaudron. Ajouter la pectine, le zeste d'orange, le jus de fruits et 1/2 c. à thé de beurre. Bien mélanger pour dissoudre la pectine. Amener à ébullition en remuant. Lorsque le tout cuit à gros bouillons, ajouter, si désiré, le sucre ou un autre édulcorant. Remuer constamment tout en conservant une forte ébullition pendant 3 minutes. Retirer du feu et écumer. Empoter. Stériliser 10 minutes. Donne environ 3 bocaux de 250 ml.

Garniture légère aux cerises

1 l (4 tasses) de cerises

300 ml (1 1/4 tasse) de jus de pomme grenade (de pomme ou de canneberge) non sucré

3 clous de girofle écrasés

375 ml (1 1/2 tasse) ou moins d'édulcorant au choix

1 sachet de pectine « Pas besoin de sucre »

2,5 ml (1/2 c. à thé) de beurre doux

Infuser les épices dans le jus bouillant 30 minutes. Filtrer dans un tamis fin. Nettoyer et dénoyauter les cerises. Les écraser dans le chaudron. Ajouter la pectine, le jus de fruits et le beurre. Bien mélanger pour dissoudre la pectine. Amener à ébullition en remuant. Lorsque le tout cuit à gros bouillons, ajouter le sucre (ou autre édulcorant). Remuer constamment tout en conservant une forte ébullition pendant 3 minutes. Retirer du feu et écumer. Empoter. Stériliser 10 minutes. Donne environ 3 bocaux de 250 ml.

Coulis de fruits léger

500 ml (2 tasses) de fruits frais	
175 ml (3/4 tasse) de miel	
15 ml (1 c. à soupe) de jus de citron frais	

Réduire en purée à l'aide d'un robot culinaire ou d'un mélangeur comme pour le coulis de fruits classique. Chauffer doucement le miel. L'incorporer au coulis. Mélanger en raclant les bords du récipient. Ajouter du jus de fruits sans sucre selon les fruits utilisés, pour une texture onctueuse. Remuer et goûter. Empoter. Stériliser. Conserver au réfrigérateur dans un contenant hermétique 1 semaine ou jusqu'à 3 mois au congélateur.

Nota : Remplacez le miel par un autre agent sucrant (succédané) en suivant les instructions du fabricant. Testez avec de petites quantités à la fois. Si vous optez pour la congélation, fouettez le coulis après décongélation pour une meilleure homogénéité.

Garniture aux dattes

2 l (8 tasses) de dattes hachées	
125 ml (1/2 tasse) de cassonade tassée	
5 ml (1 c. à thé comble) de zeste d'orange (2)	
650 ml (2 2/3 tasses) d'eau froide	
125 ml (1/2 tasse) de jus d'orange	
20 ml (4 c. à thé) de jus de citron	

Hacher les dattes dénoyautées dans un robot culinaire. Transférer dans un chaudron. Ajouter l'eau, la cassonade et le zeste d'orange. Cuire à feu moyen-doux en remuant jusqu'à l'obtention d'une purée épaisse et lisse. Retirer du feu. Verser le jus d'orange et le jus de citron. Mélanger. Empoter. Stériliser. Donne environ 4 bocaux de 500 ml.

Nota : Utiliser 1 bocal de 500 ml de garniture pour réaliser des carrés aux dattes (voir la recette dans la section *Recettes en bocaux*, à la page 251).

Garniture au caramel aux pacanes

- 750 ml (3 tasses) de cassonade tassée
- 375 ml (1½ tasse) de sirop de maïs
- 250 ml (1 tasse) d'eau filtrée
- 60 ml (¼ tasse) de rhum brun
- 375 ml (2½ tasses) de pacanes hachées

Verser les 3 premiers ingrédients dans un chaudron. Amener à ébullition. Mijoter 5 minutes. Ajouter le rhum et les pacanes. Mélanger. Empoter. Stériliser 10 minutes. Donne environ 4 bocaux de 250 ml.

Nota : Idéale pour garnir la crème glacée, napper un gâteau simple ou relever un pouding au riz ou au tapioca.

Garniture à la lime

8 jaunes d'œufs
375 ml (1½ tasse) de jus de lime frais
375 ml (1½ tasse) de sucre granulé
250 ml (1 tasse) de beurre doux
60 ml (¼ tasse) de fécule de maïs
5 ml (1 c. à thé) de sel de mer fin
45 ml (3 c. à soupe) de zeste de lime

Fouetter les jaunes d'œufs dans un bol. Verser dans une casserole les autres ingrédients (ou cuire dans un bain-marie). Mélanger. Faire cuire à feu moyen-élevé en fouettant la préparation. Ajouter les œufs et continuer de fouetter énergiquement environ 2 minutes. La crème est prête lorsqu'elle adhère au fouet. Refroidir. Empoter. Stériliser. Conserver au réfrigérateur jusqu'à 3 mois. Donne environ 3 bocaux de 250 ml.

Variante : Vous pouvez aisément diviser cette recette en deux. Utilisez du jus de pamplemousse rose dans les mêmes proportions. Tout à fait délicieux ! Elle peut être aromatisée avec une cuillérée d'eau de fleur d'oranger.

Gelées

Les gelées sont à base de jus extrait des fruits ainsi que de sucre. On peut réussir une belle gelée en un minimum de temps en suivant certaines étapes. Les recettes d'autrefois demandaient d'extraire le jus de purée de fruits cuits, et de laisser s'écouler le jus entre 2 et 24 heures sans presser le sac à gelée, pour obtenir une gelée claire. En petites quantités, ce n'est pas si compliqué à faire de nos jours. L'ajout de pectine « maison » ou commerciale (cristallisée) donnera des gelées plus ou moins fermes selon le type utilisé. Certains fruits contiennent naturellement plus de pectine que d'autres : la pomme, les pommettes, la groseille, le coing, le cassis, la framboise, la prune et le citron. Les fruits qui en contiennent le moins sont : la fraise, la poire, la pêche, la mûre, la cerise et la rhubarbe. L'action de la pectine est renforcée par la présence d'acide. Le plus utilisé est l'acide ascorbique, qui est en fait de la vitamine C.

Les pommes sont le plus couramment utilisées pour faire des gelées. On peut s'en procurer toute l'année. Congelez vos pelures et les cœurs de pommes en vue de faire votre pectine à gelée (voir la recette à la page 160).

La pectine commerciale est pratique. Elle est naturelle et remplace la pectine maison. On trouve 3 types de pectine commerciale : régulière pour des gelées fermes nécessitant une cuisson normale et l'ajout de sucre; liquide, qui réduit le temps de cuisson à quelques minutes et la pectine « Pas besoin de sucre », dont le mélange particulier de pectine de fruits cristallisée permet de faire une gelée cuite rapidement (mais plus ferme) avec la quantité d'édulcorant au choix.

On peut faire des gelées à base de jus de fruits non sucrés ou de concentrés, d'aromates, de thés et de vins, de légumes et, bien sûr, d'un éventail de fruits. Suivez votre inspiration et utilisez les produits que vous avez sous la main. Il faut tout de même avoir une bonne réserve de sucre granulé, de miel ou autre édulcorant selon le type de pectine utilisée, spécifiée dans la recette.

Test de vérification de la teneur en pectine du jus de fruits cuit

15 ml (1 c. à soupe) de jus de fruits cuit

15 ml (1 c. à soupe) d'alcool à friction

Versez le jus de fruits cuit dans une petite assiette. Versez l'alcool. Remuez quelques minutes jusqu'à ce que le mélange commence à épaissir ou à se coaguler. Si vous obtenez un petit caillot, la teneur en pectine est faible. Elle n'est pas à point. Il faut la cuire un peu plus. Plus le caillot est gros, plus la teneur en pectine est élevée et meilleure sera la gelée.

Gelée légère de pomme épicée (méthode rapide)

1 l (4 tasses) de jus de pomme non sucré
60 ml (1/4 tasse) de vinaigre de cidre
30 ml (2 c. à soupe) de jus de citron frais
1 sachet de pectine « Pas besoin de sucre »
Édulcorant au choix

Nouet

1 bâton de cannelle de 7 cm (3 po)
Clou de girofle ou poivre de la Jamaïque
1 morceau de gingembre de 2,5 cm (1 po) ou 1 à 2,5 ml (1/4 à 1/2 c. à thé) de piment chili haché

Rassembler les épices et le gingembre dans un carré d'étamine. Couper une ficelle assez longue pour la nouer à la poignée du chaudron. Chauffer le jus de pomme. Infuser les épices 30 minutes dans le jus. Ajouter la pectine en fouettant jusqu'à dissolution. Porter à ébullition. Remuer constamment pour bien dissoudre la pectine. Conserver l'ébullition pendant 1 minute, puis retirer du feu. Jeter les épices. Écumer. Empoter. Stériliser. Donne environ 4 bocaux de 250 ml.

Nota : Pour une variante rapide, déposer un sachet de thé Chai pour aromatiser cette gelée. Des herbes de Provence peuvent aussi être utilisées.

Pectine maison traditionnelle

Pommes (cœurs, pépins, pelures)
Eau filtrée
Sac à gelée ou étamine ou toile fine

Utiliser des pommes moins sucrées, plus vertes, moins mûres. Bien les nettoyer. Ne pas les peler et conserver pépins et cœurs. Couper les pommes grossièrement dans un robot culinaire. Transférer dans un chaudron. Verser assez d'eau pour qu'elles soient immergées à moitié. Porter à ébullition. Remuer. Continuer à cuire à feu moyen-vif, à couvert, jusqu'à ce que les pommes soient tendres. Transférer dans un sac à gelée ou une toile suspendue ou encore 2 carrés d'étamine dans une passoire. Laisser s'égoutter la pectine environ 12 heures et presser de temps en temps afin d'en extraire plus de jus. Filtrer. Remettre la pulpe restante dans le chaudron. Répéter l'opération en ajoutant encore de l'eau à moitié. Faire bouillir environ 5 à 8 minutes tout en remuant. Verser dans le sac à gelée. Laisser couler au moins 4 à 5 heures. Filtrer. Empoter dans des bocaux de 500 ml. Stériliser 40 minutes. Conserver 1 semaine au réfrigérateur ou congeler dans un contenant hermétique.

Nota : Le temps de cuisson peut varier selon la quantité d'eau contenue dans les fruits.

Gelée de pomme classique (méthode longue sans addition de pectine cristallisée)

1,5 l (6 tasses) de morceaux de pommes non pelées avec les cœurs
500 ml (2 tasses) d'eau filtrée
250 ml (1 tasse) de sucre granulé pour chaque tasse de jus
½ c. à thé de beurre (facultatif)

Couper les pommes en morceaux. Verser l'eau dans un chaudron et ajouter les pommes. Cuire à couvert environ 20 à 30 minutes à feu doux pour attendrir les pommes, non les « compoter ». Déposer les pommes cuites dans un sac à gelée humide au-dessus d'un bol en verre ou en acier inoxydable. Laisser s'écouler le jus de 6 à 12 heures. Tester la teneur en pectine. Faire la recette n° 2 si ce n'est pas satisfaisant. Mesurer le jus et ajuster le sucre en conséquence. Verser le jus recueilli dans un chaudron. Verser le sucre en petite quantité tout en remuant. Ajouter le beurre. Porter à ébullition en remuant constamment pour bien dissoudre le sucre. Maintenir cette forte ébullition 5 à 10 minutes. Au bout de 3 à 4 minutes, faire le test de gélification. Écumer hors du feu. Empoter. Stériliser. Donne environ 2 bocaux de 250 ml.

Nota : Quelques morceaux d'étamine tapissant une passoire non métallique peuvent remplacer le sac à gelée. Positionner la passoire au-dessus d'un bol.

Gelée de menthe rapide avec pectine liquide

- 500 ml (2 tasses) de feuilles de menthe hachées
- 500 ml (2 tasses) d'eau filtrée
- 15 ml (1 c. à soupe) de jus de citron
- 925 ml (3¾ tasses) de sucre granulé
- 2,5 ml (½ c. à thé) de beurre (facultatif)
- 1 sachet (85 ml) de pectine liquide
- Colorant alimentaire (facultatif)

Faire bouillir les feuilles de menthe 1 minute dans l'eau filtrée. Retirer du feu et macérer 30 minutes. Mesurer ensuite 425 ml (1¾ tasse) d'infusion filtrée. Ajouter le jus de citron, le sucre et le beurre si désiré. À feu élevé, porter le mélange à ébullition. Remuer constamment. Verser la pectine liquide d'un trait. Faire bouillir à gros bouillons 1 minute en brassant. Retirer du feu. Empoter. Stériliser. Donne environ 4 bocaux de 250 ml.

Gelée de pomme ou de pommette avec pectine régulière

1,25 l (5 tasses) de jus de pomme*

Environ 20 pommes de grosseur moyenne ou 60 pommettes

250 ml (1 tasse) d'eau filtrée

250 ml (1 tasse) de sucre granulé (pour chaque tasse de jus)

2,5 ml (1/2 c. à thé) de beurre doux (facultatif)

1 sachet (57 g) de pectine régulière

Mesurer la quantité de jus et de sucre désirée. Verser dans un chaudron. Ajouter le beurre, si désiré, pour réduire l'écume. Verser la pectine régulière en poudre (utiliser 1/2 sachet de pectine régulière pour 750 ml de jus). Bien mélanger. Porter à forte ébullition sans cesser de brasser. Ajouter le sucre et continuer de brasser. Maintenir cette ébullition à gros bouillons pendant 1 minute. Écumer hors du feu. Empoter. Stériliser. Donne environ 7 bocaux de 250 ml.

*Voir *Gelée de pomme classique*, à la page 160

Gelée de menthe classique

2 recettes de *Gelée de pomme classique*

2 à 3 bouquets de menthe fraîche

Faire une gelée de pomme classique. Au moment de dissoudre le sucre, ajouter de la menthe fraîche, environ 15 feuilles ou plus selon la quantité cuisinée. Conserver 1 brin si on désire ajouter de la menthe hachée finement dans la gelée. Empoter. Stériliser. Donne environ 4 bocaux de 250 ml.

Nota : Tester la teneur en pectine. Faire la recette n° 2 de *Gelée de pomme classique*, à la page 160, si la teneur n'est pas satisfaisante.

Gelée de porto aromatisée au thym et laurier

625 ml (2½ tasses) de porto
625 ml (2½ tasses) de sucre granulé
1 sachet (85 ml) de pectine liquide

Nouet

1 brin de thym et 1 feuille de laurier

Rassembler les herbes dans un carré d'étamine. Couper une ficelle assez longue pour la nouer à la poignée du chaudron. Attacher au bord du chaudron et chauffer le porto à feu doux. Laisser infuser environ 30 minutes. Ajouter le sucre. Remuer. À feu élevé, porter le mélange à ébullition. Remuer en maintenant cette forte ébullition. Verser la pectine liquide d'un trait. Faire bouillir à gros bouillons 1 minute en brassant constamment le mélange. Retirer du feu. Empoter. Stériliser. Donne environ 4 bocaux de 250 ml.

Gelée « légère » à la menthe et à la lime

3 bouquets de menthe hachées
60 ml (1/4 tasse) de jus de lime
15 ml (1 c. à soupe) de zeste de lime (facultatif)
1,12 l (4 1/2 tasses) d'eau filtrée
2,5 ml (1/2 c. à thé) de beurre doux (facultatif)
1 sachet (49 g) de pectine « Pas besoin de sucre »
Édulcorant facultatif au choix : sucre, miel, nectar d'agave, stévia ou autre édulcorant sans calorie
Colorant alimentaire (facultatif)

Faire bouillir l'eau et laisser infuser la menthe hachée 30 minutes. Mesurer l'édulcorant. Réserver. Mesurer 1 litre (4 tasses) de liquide filtré. Verser dans un chaudron avec le jus de lime, le beurre et la pectine. Mélanger pour dissoudre la pectine. Porter à ébullition à gros bouillons en brassant. Ajouter l'édulcorant si désiré. Remuer. Maintenir une forte ébullition pendant 1 minute. Retirer du feu pour écumer. Ajouter le zeste de lime. Empoter. Stériliser. Donne environ 4 bocaux de 250 ml.

Nota : Vous pouvez utiliser entre 375 à 750 ml (1 1/2 tasse à 3 tasses) de sucre granulé ou l'équivalent d'édulcorant sans calorie (175 à 250 ml [3/4 à 1 tasse] de miel, 1 pincée de stévia).

Gelée « légère » menthe citron

3 bouquets de menthe hachées
60 ml (1/4 tasse) de jus de citron
15 ml (1 c. à soupe) de zeste de citron (facultatif)
1,12 l (4 1/2 tasses) d'eau filtrée
2,5 ml (1/2 c. à thé) de beurre doux (facultatif)
1 sachet (49 g) de pectine « Pas besoin de sucre »
Édulcorant facultatif au choix : sucre, miel, nectar d'agave, stévia ou autre édulcorant sans calorie
Colorant alimentaire (facultatif)

Faire bouillir l'eau et infuser la menthe hachée 30 minutes. Mesurer l'édulcorant. Réserver. Mesurer 1 litre (4 tasses) de liquide filtré. Verser dans un chaudron avec le jus de citron, le beurre et la pectine. Mélanger pour dissoudre la pectine. Porter à ébullition à gros bouillons en brassant. Ajouter l'édulcorant si désiré. Mélanger. Maintenir l'ébullition forte pendant 1 minute. Retirer du feu pour écumer. Ajouter le zeste de citron. Empoter. Stériliser. Donne environ 4 bocaux de 250 ml.

Gelée de gingembre maison

2 recettes de *Gelée de pomme classique*
175 ml (3/4 tasse) de gingembre haché
Sucre granulé
60 ml (1/4 tasse) de jus de citron frais
1/2 c. à thé de beurre (facultatif)

Suivre les étapes de la recette de *Gelée de pomme classique* (voir page 160) en ajoutant aussi les pépins de citron et le gingembre haché pendant la cuisson. Déposer la purée avec son jus dans un sac à gelée ou une passoire fine ou doublée d'étamine. Recueillir le jus. Faire le test de gélification. S'il n'est pas satisfaisant, faire la recette n° 2. Pour chaque 580 ml (2⅓ tasses) de jus, ajouter 560 ml (2¼ tasses) de sucre. Transférer dans un chaudron avec le jus de citron. Ajouter le sucre. Faire fondre le sucre à feu doux en mélangeant. Ajouter le beurre. Augmenter le feu et faire bouillir 8 à 10 minutes. Retirer du feu. Faire le test de gélification (voir page 24). Écumer. Empoter. Stériliser. Donne 4 bocaux de 250 ml.

Gelée au porto

425 ml (1 3/4 tasse) de porto

175 ml (3/4 tasse) de vin rouge
(Cabernet Sauvignon)

750 ml (3 tasses) de sucre granulé

1 sachet (85 ml) de pectine liquide

Verser le porto et le vin dans un chaudron. Ajouter le sucre. À feu élevé, porter le mélange à ébullition. Remuer en maintenant cette forte ébullition. Verser la pectine liquide d'un trait. Faire bouillir à gros bouillons 1 minute en brassant. Retirer du feu. Empoter. Stériliser. Donne environ 4 bocaux de 250 ml.

Jelée de canneberge aromatisée au romarin

560 ml (2 1/4 tasses) de jus de canneberge sans sucre	
1 brin de romarin	
875 ml (3 1/2 tasses) de sucre granulé par tasse de liquide	
2,5 ml (1/2 c. à thé) de beurre doux	
1 sachet (85 ml) de pectine liquide	

Faire bouillir le brin de romarin 1 minute dans le jus. Retirer du feu et macérer 30 minutes. Filtrer. Mesurer 500 ml (2 tasses) d'infusion. Ajouter le sucre et le beurre (si désiré). À feu élevé, porter le mélange à ébullition. Remuer en maintenant cette forte ébullition. Verser la pectine liquide d'un trait. Faire bouillir à gros bouillons 1 minute en brassant constamment. Retirer du feu. Empoter. Stériliser. Donne environ 4 bocaux de 250 ml.

Variante : Utiliser des mélanges de jus de canneberge et framboise ou du jus de raisin.

Gelée de bleuet à l'orange

560 ml (2¼ tasses) de jus de bleuet non sucré
15 ml (1 c. à soupe) de jus de citron frais
2,5 ml (½ c. à thé) d'eau de fleur d'oranger
875 ml (3½ tasses) de sucre granulé
2,5 ml (½ c. à thé) de beurre doux (facultatif)
1 sachet (85 ml) de pectine liquide
L'écorce d'une orange
Clou de girofle (facultatif)

Couper l'écorce d'orange en lamelles d'environ 12 mm (½ po). Faire bouillir le jus avec la girofle et l'écorce d'orange 1 minute. Infuser 30 minutes hors du feu. Filtrer. Mesurer 500 ml (2 tasses) d'infusion. Ajouter le sucre et le beurre (si désiré). À feu élevé, porter le mélange à ébullition dans un chaudron. Remuer en maintenant cette forte ébullition. Verser la pectine liquide d'un trait. Faire bouillir à gros bouillons 1 minute en remuant constamment. Retirer du feu. Parfumer à l'eau de fleur d'oranger. Empoter. Stériliser. Donne environ 4 bocaux de 250 ml.

Variante : Utiliser des mélanges de jus de canneberge ou du jus de raisin.

Gelée de poivron vert style mexicain

4 à 5 poivrons verts
1 petit piment jalapeños
1 petit piment banane
1 petite gousse d'ail (facultatif)
125 ml (½ tasse) de vinaigre blanc
30 ml (2 c. à soupe) de jus de citron
2,5 ml (½ c. à thé) de beurre doux (facultatif)
900 ml (3⅔ tasses) de sucre granulé
1 sachet (57 g) de pectine régulière
2,5 ml (½ c. à thé) de sel

Couper et vider les poivrons. Réduire en purée fine les poivrons, les piments et l'ail dans un robot culinaire. Déposer la purée avec son jus dans un sac à gelée ou une passoire fine ou doublée d'étamine. Recueillir le jus et mesurer 375 ml (1½ tasse). Jeter la purée. Verser le jus dans un chaudron avec le vinaigre et le jus de citron. Ajouter le beurre si désiré pour réduire l'écume. Verser la pectine (utiliser ½ sachet de pectine régulière pour 750 ml de jus) et le sel. Bien mélanger. Porter à forte ébullition en remuant. Ajouter le sucre et remuer constamment. Maintenir cette ébullition à gros bouillons pendant 1 minute. Écumer hors du feu. Empoter. Stériliser. Donne environ 4 bocaux de 250 ml.

Nota : S'il vous manque de jus de poivron, versez 125 ml (½ tasse) d'eau bouillante sur la purée et laissez s'écouler le jus pour combler la quantité manquante.

Jelée de pomme grenade (antioxydante)

- 8 à 9 pommes grenade
- 30 ml (2 c. à soupe) de jus de citron
- 925 ml (3¾ tasses) de sucre granulé
- 2,5 ml (½ c. à thé) de beurre doux (facultatif)
- 1 sachet (57 g) de pectine de fruits régulière

Trancher les fruits en 2. Presser les graines (enfiler des gants jetables) pour en extraire le jus. Mesurer 750 ml (3 tasses). Verser dans un chaudron. Ajouter le jus de citron et le beurre, si désiré, pour réduire l'écume. Verser la pectine régulière en poudre (utiliser ½ sachet pour 750 ml de jus). Bien mélanger. Porter à forte ébullition en brassant. Ajouter le sucre et brasser constamment. Maintenir cette ébullition à gros bouillons pendant 1 minute. Écumer hors du feu. Empoter. Stériliser. Donne environ 4 bocaux de 250 ml.

Gelée au thé vert

500 ml (2 tasses) de jus de pomme sans sucre
30 ml (2 c. à soupe) de jus de citron
8 sachets (8 c. à thé) de thé Matcha
875 ml (3½ tasses) de sucre granulé
1 sachet (85 ml) de pectine liquide
2,5 ml (½ c. à thé) de beurre doux

Verser le jus de pomme et de jus de citron dans un chaudron. Porter à ébullition. Saupoudrer le thé et fouetter énergiquement. Ajouter le sucre et le beurre (si désiré). Fouetter en maintenant cette forte ébullition. Verser la pectine liquide d'un trait. Faire bouillir à gros bouillons 1 minute en ne cessant pas de fouetter le mélange. Retirer du feu. Empoter. Stériliser. Donne environ 4 bocaux de 250 ml.

Nota : Le Matcha est un thé vert réduit en poudre très fine. Il est essentiellement produit au Japon. Ce thé ne s'infuse pas comme les thés réguliers. Il doit être battu dans un liquide chaud (eau) avec un fouet, traditionnellement en bambou, pour créer une émulsion. Il est riche en substances anticancer.

Gelée piquante au poivron rouge

4 à 5 poivrons rouges
1 ml (1/4 c. à thé) de piment serrano haché
125 ml (1/2 tasse) de vinaigre balsamique
30 ml (2 c. à soupe) de jus de citron
2,5 ml (1/2 c. à thé) de beurre doux (facultatif)
900 ml (3⅔ tasses) de sucre granulé
1 sachet (57 g) de pectine régulière
2,5 ml (1/2 c. à thé) de sel

Couper et vider les poivrons. Réduire en purée dans un robot culinaire. Déposer la purée avec son jus dans un sac à gelée ou une passoire fine ou doublée d'étamine. Recueillir le jus et mesurer 375 ml (1½ tasse). Jeter la purée. Verser le jus dans un chaudron avec le vinaigre et le jus de citron. Ajouter le beurre (si désiré) pour réduire l'écume. Verser la pectine (utiliser ½ sachet pour 750 ml de jus) et le sel. Bien mélanger. Porter à forte ébullition en remuant. Ajouter le sucre et remuer constamment. Maintenir cette ébullition à gros bouillons pendant 1 minute. Écumer hors du feu. Empoter. Stériliser. Donne environ 4 bocaux de 250 ml.

Nota : S'il vous manque du jus de poivron, versez 125 ml (½ tasse) d'eau bouillante sur la purée et laissez s'écouler le jus pour combler la quantité manquante. Vous pouvez utiliser une purée de piment chili pour remplacer le piment serrano.

Gelée au poivron orange pimentée

4 à 5 poivrons orange
1 à 2,5 ml (1/4 à 1/2 c. à thé) de piment habanero
125 ml (1/2 tasse) de vinaigre balsamique blanc
2,5 ml (1/2 c. à thé) de beurre doux (facultatif)
30 ml (2 c. à soupe) de jus de citron
900 ml (3⅔ tasses) de sucre granulé
1 sachet (57 g) de pectine régulière
2,5 ml (1/2 c. à thé) de sel

Couper et vider les poivrons. Réduire en purée dans un robot culinaire. Déposer la purée avec son jus dans un sac à gelée ou une passoire fine ou doublée d'étamine. Recueillir le jus et mesurer 375 ml (1½ tasse). Jeter la purée. Verser le jus dans un chaudron avec le vinaigre et le jus de citron. Ajouter le beurre (si désiré) pour réduire l'écume. Verser la pectine (utiliser ½ sachet pour 750 ml de jus) et le sel. Bien mélanger. Porter à forte ébullition en brassant. Ajouter le sucre et brasser constamment. Maintenir cette ébullition à gros bouillons pendant 1 minute. Écumer hors du feu. Empoter. Stériliser. Donne environ 4 bocaux de 250 ml.

Nota : S'il vous manque du jus de poivron, versez 125 ml (½ tasse) d'eau bouillante sur la purée et laissez s'écouler le jus pour combler la quantité manquante. De plus, vous pouvez utiliser du vinaigre blanc régulier.

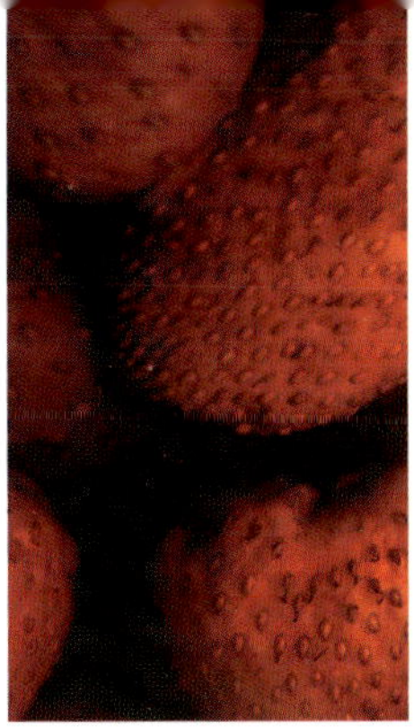

Fruits
en sirop

Fruits dans le sirop

Les conserves de fruits sont faites avec du jus de fruits ou du sucre dilué dans l'eau pour faire des sirops légers tout en ne sacrifiant pas le goût. Le sucre rehausse la saveur et aide à conserver la couleur et la forme des fruits. Suivez les étapes essentielles, et vous réussirez sans problème à conserver vos fruits préférés. Dans cette section, j'ai ajouté des sirops d'herbes et d'épices et certaines recettes utilisant du vin ou des eaux-de-vie. Vos conserves peuvent servir à confectionner un dessert rapidement, à agrémenter une crème glacée ou un yogourt nature; elles peuvent se glisser dans la boîte à lunch ou encore être parfumées d'une liqueur. Ce sont vraiment de bonnes réserves à avoir dans nos armoires.

Pour conserver les fruits

Il est facile de préserver les fruits dans les bocaux avec la méthode à l'eau bouillante en raison de l'acidité des fruits (100 °C [212 °F], chaleur atteinte dans la marmite). Les pores des fruits retiennent l'air, et il faut en quelque sorte enlever cet air pour réussir une conserve de qualité. L'étape préliminaire (aussi appelée « méthode à chaud ») consiste à chauffer les fruits préalablement blanchis dans l'eau ou dans un sirop avant de les empoter, pour en extraire l'air, ce qui permet de mettre plus de fruits dans un bocal.

Les sirops doivent toujours être versés chauds dans des bocaux chauds.

Diluez le sucre dans la quantité d'eau en choisissant les proportions qui vous conviennent et suivez la recette jusqu'à l'étape finale de la stérilisation.

En vous référant au tableau de mélange de base de sirop et en vous guidant avec les temps de stérilisation suggérés, vous verrez que vous pouvez réussir des conserves même sans y ajouter beaucoup de sucre. On peut diviser la portion de sucre et combler avec du miel. Si on ne sucre pas l'eau, il faut toujours utiliser la méthode à chaud pour conserver les fruits. Ajouter les édulcorants artificiels au moment de servir, et non au sirop.

Sirops de base pour la mise en conserve des fruits pour 1 litre (4 tasses)

TYPE DE SIROP	QTÉ DE SUCRE GRANULÉ	QTÉ D'EAU FILTRÉE	RENDEMENT
Ultra léger	125 ml (1/2 tasse)	1 l (4 tasses)	1,06 l (4 1/4 tasses)
Très léger	250 ml (1 tasse)	1 l (4 tasses)	1,12 l (4 1/2 tasses)
Léger	500 ml (2 tasses)	1 l (4 tasses)	1,25 l (5 tasses)
Moyen	750 ml (3 tasses)	1 l (4 tasses)	1,37 l (5 1/2 tasses)
Épais	1,18 l (4 3/4 tasses)	1 l (4 tasses)	1,6 l (6 1/2 tasses)

Salade de fruits
au sirop léger à la menthe

560 ml (2 1/4 tasses) de sirop
3 à 4 feuilles de menthe fraîche
1 l (4 tasses) de cubes de fruits variés (ananas, mangue, poire, pomme)

Infuser la menthe dans le sirop chaud 30 minutes. Filtrer. Préparer les fruits. Transférer dans le chaudron. Chauffer à feu moyen-vif. Réduire le feu et laisser bouillir les fruits 5 minutes pour les réchauffer de part en part. Entasser les fruits dans les bocaux à l'aide d'une cuillère à égoutter. Ajouter le sirop. Stériliser (voir page 21). Donne 4 bocaux de 500 ml.

Litchis
à la lime

2 boîtes (540 ml/20 oz) de litchis en sirop léger

Zeste et jus de 2 limes

60 ml (1/4 tasse) de sucre granulé

Égoutter les fruits au-dessus d'un bol. Récupérer le sirop. Mesurer 250 ml (1 tasse) de sirop. Transférer dans un chaudron. Ajouter le sucre, le jus et le zeste des limes et les fruits. Porter à ébullition 3 minutes. Retirer du feu. Entasser les fruits dans les bocaux à l'aide d'une cuillère à égoutter. Ajouter le sirop. Stériliser 10 minutes les bocaux de 250 ml et 15 minutes les bocaux de 500 ml. Donne environ 3 bocaux de 250 ml.

Rumtopf

Pot-au-rhum (recette traditionnelle allemande)

1 kg (2,2 lb) de petits fruits frais
250 ml (1 tasse) de sucre granulé
750 ml à 1 l (3 à 4 tasses) de rhum

Nettoyer et équeuter autant de petits fruits que peut contenir le bocal. Enlever les parties abîmées. Déposer les fruits dans un grand bol. Saupoudrer de sucre. Mélanger. Laisser reposer environ 30 minutes. Verser dans un contenant en grès ou en verre. Verser le rhum. Sceller avec de la pellicule plastique et déposer le couvercle. Macérer plusieurs mois tout en vérifiant tous les 15 jours, en agitant et en ajoutant des fruits mûrs, du sucre* et du rhum selon la taille du pot. Conserver hermétiquement très frais ou au réfrigérateur à l'abri de la lumière si on utilise un contenant en verre. Servir froid.

Nota : Le Rumtopf se prépare à la fin de l'été pour avoir le tout prêt pour la fête de Noël. Vous pouvez utiliser tous les fruits mûrs et juteux du jardin : framboises, fraises, poires, pêches, cerises, groseilles, cassis, etc.
* Proportions de sucre à ajouter pour une préparation corsée: 500 g (1 lb) de fruits pour 125 ml (½ tasse) de sucre et 375 ml (1½ tasse) pour une préparation plus douce.

Tutti frutti

Procédez comme pour le Rumtopf, en remplacant le rhum par une eau-de-vie de votre choix.

Pruneaux

au porto

450 g (1 lb) de pruneaux d'Agen
750 ml (3 tasses) de porto

Entasser couche par couche autant de pruneaux dénoyautés dans des bocaux stérilisés. Verser le porto de façon à couvrir entièrement les fruits. Laisser 3,5 cm (1½ po) d'espace. Fermer hermétiquement. Conserver au frais dans un endroit à l'abri de la lumière. Vérifier après 2 ou 3 jours si les fruits sont encore recouverts de porto, car ils auront gonflé. Ajouter le porto restant pour les recouvrir. Macérer environ 1 mois. Donne 2 bocaux de 500 ml.

Nota : Conserver au réfrigérateur une fois le bocal ouvert.

Poires chinoises
au sirop léger vanillé

8 poires chinoises blanchies
1 l (4 tasses) de sirop au choix
1 gousse de vanille ou
20 ml (4 c. à thé) d'extrait de vanille pure

Infuser la vanille dans le sirop chaud 15 minutes. Préparer les fruits. Transférer dans le chaudron. Chauffer à feu moyen-vif. Réduire le feu et laisser bouillir les fruits 5 minutes pour les réchauffer de part en part. Entasser les fruits dans les bocaux à l'aide d'une cuillère à égoutter. Ajouter le sirop. Stériliser (voir page 21). Donne environ 4 bocaux de 500 ml.

Poires
au vin rouge

6 poires (Anjou, Bartlett ou Bosc)
500 ml (2 tasses) de vin rouge ou de porto
90 ml (6 c. à soupe) de sucre granulé
Épices au choix en nouet : clou de girofle, cannelle ou cardamome
Muscade
Anis étoilé (badiane)

Préparer un bain d'acide citrique (ou de citron) pour éviter que les poires noircissent. Peler les poires. Les couper en deux ou en quatre au goût. Verser le vin rouge, le sucre et le nouet d'épices dans un chaudron assez profond et étroit. Porter à ébullition et réduire le feu à basse intensité. Ajouter les poires. Cuire 20 minutes ou jusqu'à tendreté. Empoter et couvrir de vin chaud épicé. Stériliser 25 minutes. Conserver dans un endroit frais et sec à l'abri de la lumière. Donne deux bocaux de 500 ml.

Nota : Si vous préférez faire de plus petits bocaux (250 ml), achetez de plus petites poires et suivez la recette. Stérilisez 10 minutes.

Fraises
au madère

1 kg (2,2 lb) de fraises fraîches
375 ml (1½ tasse) de sucre granulé
1 bouteille de madère

Nettoyer, équeuter et sécher les fraises. Déposer par couches successives en alternant avec le sucre et en terminant avec du sucre. Remplir le bocal de madère (environ 375 ml/1½ tasse) pour couvrir les fruits jusqu'à 1 cm (½ po) du bord (espace de tête). Macérer 2 semaines avant de déguster. Conserver dans un endroit frais et à l'abri de la lumière. Donne environ 2 bocaux de 500 ml.

Sirops aromatisés de base pour les fruits en conserve maison

Utiliser un sirop de base (voir tableau de la page 176)

1 l (4 tasses) d'eau

Sucre ou édulcorant

Fruits suggérés : pommes, poires, pêches, nectarines, mangues, petits fruits

Sirop thym et citron

1 l (4 tasses) de sirop de base

Le jus de 1 gros citron

125 ml (1/2 tasse) de thym frais

Chauffer le sirop avec le thym (dans un nouet si désiré) et le jus de citron. Ajouter les fruits. Réduire le feu et laisser bouillir les fruits 4 à 5 minutes pour les réchauffer de part en part. Entasser les fruits dans les bocaux à l'aide d'une cuillère à égoutter. Filtrer le sirop si nécessaire avant de l'ajouter dans les bocaux. Stériliser selon les fruits choisis et la grosseur des bocaux.

Sirop au basilic pourpre

1 l (4 tasses) de sirop de base

Le jus de 1 gros citron

125 ml (1/2 tasse) de basilic oriental (à la réglisse) frais haché

Même procédure que pour le sirop au thym et citron.

Sirop à la coriandre et au poivre noir

1 l (4 tasses) de sirop de base

Le jus de 1 gros citron

60 ml (1/4 tasse) de graines de coriandre

2,5 ml (1/2 c. à thé) de grains de poivre noir

Moudre les épices grossièrement dans un mortier. Même procédure que pour le sirop au thym et citron.

Nota : Il peut y avoir un léger dépôt dans les bocaux en raison de la coriandre moulue.

Sirop épicé

1 l (4 tasses) de sirop de base
1 bâton de cannelle (7,5 cm/3 po)
5 ml (1 c. à thé) de poivre de la Jamaïque ou les graines de 2 anis étoilés

Casser le bâton de cannelle en morceaux. Mettre les épices dans un nouet attaché au chaudron si on ne souhaite pas filtrer. Même procédure que pour le sirop au thym et citron.

Nota : La cannelle pourrait donner une jolie teinte rosée au sirop.

Sirop au miel, gingembre et menthe

1 l (4 tasses) de sirop de base
45 ml (3 c. à soupe) de gingembre frais haché
60 ml (1/4 tasse) de feuilles de menthe tassée
Le jus de 1 lime

Faire un sirop au miel : remplacer 250 ml (1 tasse) de sucre par 175 ml (3/4 tasse) de miel. Même procédure que pour le sirop au thym et citron.

Nota : Varier en ajoutant du zeste d'orange.

Sirop à la menthe

1 l (4 tasses) de sirop de base
80 ml (1/3 tasse) de menthe hachée tassée
30 ml (2 c. à soupe) de jus de citron

Même procédure que pour le sirop au thym et citron.

Sirop
aux fruits de la passion

- 1 l (4 tasses) de sirop de base
- 2 fruits de la passion
- 15 ml (1 c. à soupe) de jus de citron

Filtrer les graines si désiré ou les empoter avec les fruits. Même procédure que pour le sirop au thym et citron.

Bleuets
au sirop de lavande

450 g (1 lb) de bleuets
375 ml (1½ tasse) d'eau filtrée
250 ml (1 tasse) de sucre granulé
15 ml (1 c. à soupe) de lavande séchée*

Rincer les bleuets. Faire le sirop en portant le sucre et la lavande à ébullition. Infuser 10 minutes. Filtrer. Transférer les bleuets 1 minute dans le sirop. Remplir les bocaux de fruits avec une cuillère à égoutter et ajouter du sirop chaud jusqu'à 1 cm (½ po) du bord. Stériliser 10 minutes. Donne environ 4 bocaux de 250 ml.

*Mélange de fleurs séchées de lavande pour la cuisine Bleu Lavande

Beurres
de fruits

Beurre de pêches

Il ne faut pas confondre le beurre de fruits avec la pâte de fruits. Le beurre de fruits est fait de pulpe de fruits cuits avec du sucre. Sa consistance ressemble à une compote épaisse, qui renferme moins de sucre que les confitures ou les gelées. C'est pourquoi il est plus doux. On peut les confectionner avec des fruits imparfaits, très mûrs ou débarrassés de taches. On profite des mannes de fruits soldés pour en préparer des réserves. Ils servent à fourrer les pâtisseries, accompagnent agréablement bien les scones et les rôties, les craquelins et le fromage à la crème, les plats de viandes, le beurre de pommes servi avec du rôti de porc à l'ail, par exemple .

Utiliser une casserole à fond épais pour une meilleure répartition de la chaleur pendant les 30 à 60 minutes de cuisson. La cuisson est à point lorsque le beurre nappe bien la cuillère.

1 kg (2 lb) de pêches
30 ml (2 c. à soupe) de jus de citron
500 ml (2 tasses) d'eau filtrée
2,5 ml (½ c. à thé) de muscade
15 ml (1 c. à soupe) de jus de citron
Sucre granulé

Avec la pointe d'un couteau, faire une croix à l'extrémité des fruits. Les mettre dans l'eau bouillante quelques minutes. Les déposer ensuite dans un bain d'eau froide. Peler, dénoyauter et trancher en quartiers. Porter l'eau à ébullition. Ajouter les pêches, la muscade et le jus de citron. Cuire les pêches environ 35 minutes en remuant de temps à autre. Réduire en purée dans un robot culinaire ou un mélangeur. Mesurer 125 ml (½ tasse) de sucre pour 500 ml (2 tasses) de pulpe. Mettre la purée et le sucre dans un chaudron. Mélanger. Cuire à feu doux environ 30 minutes ou jusqu'à ce que le beurre ait atteint la texture d'une compote épaisse en remuant souvent. Empoter. Stériliser. Donne 4 bocaux de 250 ml.

Variante : Confectionner du beurre d'abricots en utilisant la même quantité de fruits et de sucre.

Beurre de pommes

1 l (4 tasses) de jus de pomme non sucré

2 kg (4,4 lb) de pommes tranchées, pelées et épépinées (Délicieuses)

275 ml (1½ tasse) de sucre granulé

10 ml (2 c. à thé) de cannelle moulue

15 ml (1 c. à soupe) de jus de citron (jus additionnel pour le trempage des pommes)

Verser le jus de citron dans un peu d'eau. Y jeter les tranches de pomme à mesure qu'on les coupe pour éviter l'oxydation. Faire bouillir le jus de pomme dans un chaudron. Ajouter les tranches de pomme et le jus de citron. Réduire le feu. Cuire jusqu'à ce que les pommes soient assez tendres pour les réduire en purée. Ajouter le sucre et la cannelle moulue. Mélanger. Réduire en purée tout en poursuivant la cuisson, en remuant souvent. Cuire environ 45 minutes à 1 heure ou jusqu'à épaississement. Empoter. Stériliser. Donne environ 5 bocaux de 250 ml.

Nota : Ajoutez environ 60 ml (¼ tasse) de sucre de plus si vous utilisez les variétés de pommes plus acidulées comme la McIntosh ou la Granny Smith.

Beurre de pommes au vin doux

1 kg (2,2 lb) de pommes

1 kg (2,2 lb) de pommes à cuire

375 ml (1½ tasse) de cidre (ou vin doux type marsala)

67,5 ml (4½ c. à soupe) de sucre granulé pour chaque ½ tasse de pulpe

Épices facultatives

1 c. à soupe de cardamome ou 2 petits bâtons de cannelle

Procéder comme pour le beurre de pommes et ajouter les épices moulues grossièrement dans un mortier dans un nouet pendant la cuisson. Empoter. Stériliser. Donne environ 6 bocaux de 250 ml.

Beurre de canneberges et menthe

454 g (1 lb) de canneberges fraîches
125 ml (1/2 tasse) de thé fort à la menthe
300 ml (1 1/4 tasse) de sucre
10 ml (2 c. à thé) de jus de citron

Infuser 3 sachets de thé à la menthe dans 250 ml (1 tasse d'eau). Jeter les sachets. Ajouter les canneberges et le jus de citron. Cuire environ 30 minutes en remuant de temps à autre. Réduire en purée dans un mélangeur ou un robot culinaire. Ajouter 375 ml (1 1/2 tasse) de sucre pour 500 ml (2 tasses) de purée. Transférer la purée et le sucre dans un chaudron. Mélanger. Cuire à feu doux environ 30 minutes ou jusqu'à ce que le beurre ait atteint la texture d'une compote épaisse en remuant souvent. Empoter. Stériliser. Donne 4 bocaux de 250 ml.

Variante : Utiliser du jus d'orange ou de l'eau filtrée au lieu du thé à la menthe.

Beurre de papaye lime

3 papayes
60 ml (1/4 tasse) de jus de lime
5 ml (1 c. à thé) de zeste de lime
375 ml (1 1/2 tasse) de sucre granulé

Couper les papayes en deux. Enlever les graines avec une cuillère. Détailler la chair en cubes et l'arroser de jus de lime. Réduire en purée dans un robot culinaire. Transférer dans un chaudron et porter à ébullition avec le sucre. Remuer. Réduire le feu et cuire environ 15 minutes ou jusqu'à épaississement en gardant le couvercle entrouvert. Poursuivre la cuisson jusqu'à épaississement en remuant souvent. Empoter. Stériliser. Donne environ 3 bocaux de 250 ml.

Huiles et vinaigres aromatisés

Faire soi-même ses vinaigres et huiles aromatisés donne l'occasion de créer de savoureux mariages de saveurs. Ils sont tellement pratiques pour rehausser la saveur d'un plat. Ils font aussi de très beaux cadeaux.

Cette section est simple et réunit plusieurs recettes de base.

La méthode de macération demande tout de même de goûter de temps à autre (1 fois par semaine environ), pour doser la force des aromates qui macèrent dans l'huile ou le vinaigre. En utilisant le mode de stérilisation à l'eau bouillante, je vous recommande des bocaux de 250 à 500 ml stérilisés (voir page 13) dont vous pourrez ensuite transvider le contenu dans des bouteilles stérilisées le moment venu en y apportant votre touche personnelle par l'ajout d'une belle étiquette, d'un ruban, etc. Si vous ajoutez une herbe aromatique dans la bouteille, veillez à ce qu'elle demeure complètement immergée dans le liquide.

Vinaigre épicé pour marinades (recette traditionnelle américaine)

- 4 l (16 tasses) de vinaigre de cidre ou de vin blanc
- 180 ml (3/4 tasse) de graines de moutarde
- 60 ml (1/4 tasse) de gingembre frais
- 67,5 ml (4 1/2 c. à soupe) de poivre de Jamaïque
- 30 ml (2 c. à soupe) de clou de girofle
- 90 ml (6 c. à soupe) de grains de poivre noir
- 25 ml (5 c. à thé) de graines de céleri
- 750 ml (3 1/2 tasses) de cassonade
- 60 ml (1/4 tasse) de raifort râpé
- 1 tête d'ail
- 1 1/2 citron émincé

Faire ce vinaigre en mai. Mélanger tous les ingrédients dans un grand récipient en verre et le fermer. Laisser reposer au soleil à l'extérieur tout l'été. Filtrer le vinaigre. Transvider dans des bocaux. Stériliser ou conserver 6 mois dans un endroit frais ou au réfrigérateur ou utiliser dès la fin de l'été pour y mariner des légumes.

Vinaigre aux capucines

- 50 g (1 1/3 oz) de fleurs de capucines fraîches
- 250 ml (1 tasse) de vinaigre de vin blanc ou de cidre
- 1 clou de girofle
- 2 à 3 grains de poivre noir
- 1 éclat d'ail (facultatif)
- 5 ml (1 c. à thé) d'échalotes françaises hachées

Déposer tous les ingrédients dans un récipient en verre ou émaillé. Verser le vinaigre. Fermer hermétiquement. Laisser macérer 1 à 2 mois dans un endroit sec, frais et sombre. Filtrer dans des bouteilles ou des bocaux stérilisés. Sceller. Stériliser les bocaux 10 minutes ou conserver dans un endroit frais ou au réfrigérateur. Donne environ 2 bocaux de 250 ml.

Vinaigre aromatisé méthode de base rapide

2 l (8 tasses) de vinaigre de vin (rouge ou blanc) ou de cidre

Choix d'arôme

Nettoyer les condiments, les fruits ou les herbes à l'eau fraîche. Rejeter tout élément taché ou ce qui semble moins frais. Bien égoutter et sécher. Écraser les fruits, les herbes ou les condiments à l'aide d'un pilon avec un peu de vinaigre. Chauffer la quantité de vinaigre dans un gros chaudron en inox à fond épais. Ajouter l'arôme choisi. Faire bouillir 10 à 12 minutes. Retirer du feu. Mariner 1 heure. Filtrer dans des bouteilles ou des bocaux stérilisés. Ajouter un élément aromatique de la recette si désiré. Sceller. Stériliser les bocaux 10 minutes ou conserver dans un endroit frais ou au réfrigérateur.

Vinaigre macéré méthode de base

2 l (8 tasses) de vinaigre de vin (rouge ou blanc) ou de cidre

Choix d'arôme

Nettoyer les fruits ou les herbes ou les fleurs à l'eau fraîche. Bien égoutter et sécher. Rejeter tout élément taché ou ce qui semble moins frais. Appuyer légèrement sur les herbes pour favoriser la libération des arômes ou écraser les fruits dans un peu de vinaigre. Chauffer le vinaigre jusqu'au point d'ébullition dans un chaudron en inox à fond épais. Déposer les arômes dans les bocaux stérilisés. Remplir de vinaigre. Sceller. Brasser vigoureusement. Laisser reposer 2 à 3 semaines (et jusqu'à 1 mois selon la force désirée) dans un endroit frais et à l'abri de la lumière. Filtrer. Transvider dans des bouteilles préalablement stérilisées. Ajouter un élément aromatique si désiré. Stériliser 8 bocaux de 250 ml ou 4 bocaux de 500 ml 10 minutes.

Vinaigre
épicé (allemand traditionnel)

1 l (4 tasses) de vinaigre de cidre

Épices dans un nouet

2 bâtons de cannelle (8 cm/3 po)

2 éclats de noix de muscade

20 ml (4 c. à thé) de baies de poivre de la Jamaïque

20 ml (4 c. à thé) de clou de girofle

15 ml (1 c. à soupe) de grains de poivre noir

Mettre les épices dans un nouet d'étamine. Chauffer le vinaigre avec les épices sans le faire bouillir. Retirer du feu. Pour des saveurs plus fortes, laisser macérer 24 heures. Utiliser chaud dans les recettes de marinades ou verser dans des bouteilles stérilisées. Conserver le vinaigre environ 12 mois dans un endroit frais et à l'abri de la lumière. Donne environ 1 litre.

Nota : Les mélanges d'épices pour ce vinaigre n'ont de limite que votre goût et votre imagination. Remplacez la cannelle par 30 ml (2 c. à soupe) de grains de cardamome broyés.

Vinaigre aromatisé style français

1 l (4 tasses) de vinaigre de vin de qualité (rouge ou blanc)
3 branches de persil
5 à 6 branches d'estragon
6 branches de cerfeuil
3 gousses d'échalotes françaises
8 à 10 grains de poivre noir
3 clous de girofle

Faire sécher les herbes fraîches pendant 5 à 6 jours à l'ombre. Déposer tous les ingrédients dans un récipient en verre et fermer hermétiquement. Laisser macérer en exposant au soleil pendant environ 2 mois. Filtrer dans des bouteilles ou des bocaux stérilisés. Stériliser 10 minutes ou conserver dans un endroit sec et frais.

Vinaigre à l'orange

1 l (4 tasses) de vinaigre de vin ou de cidre
4 à 5 oranges brossées

Retirer l'écorce des oranges très finement à l'aide d'un économe. Enlever la peau blanche. Couper les oranges en deux et presser le jus. Répartir le jus dans des bocaux stérilisés. Remplir de vinaigre. Sceller. Brasser vigoureusement. Laisser reposer 1 mois dans un endroit frais et à l'abri de la lumière, en remuant tous les 3 à 4 jours. Tester la force et goûter toutes les semaines. Filtrer. Transvider dans des bouteilles préalablement stérilisées. Ajouter des lanières d'écorce d'orange si désiré ou stériliser en bocaux de 250 ml ou 500 ml 10 minutes.

8 recettes variées

Choix d'herbes

1 gros bouquet d'estragon, d'origan, de sauge ou de sarriette

5 ml (1 c. à thé) de grains de poivre noir (facultatif)

Vinaigre bouquet d'herbes

1 mélange d'herbes fraîches ou séchées dans un carré d'étamine

2 feuilles de laurier

4 brins de thym et d'origan

5 ml (1 c. à thé) de poivre noir

Vinaigre bouquet d'herbes épicé

1 l (4 tasses) de vinaigre au choix

1 gros bouquet d'herbes mélangées

3 brins d'estragon

3 brins de romarin

6 brins de persil

3 branches de céleri (avec les feuilles)

2 à 3 oignons verts

7,5 ml (1½ c. à thé) de grains de poivre noir

Vinaigre au romarin

1 bouquet de romarin

15 ml (1 c. à soupe) de poivre de la Jamaïque

Choix de condiments
Vinaigre à l'ail

2 l (8 tasses) de vinaigre de vin (rouge ou blanc) ou de cidre

2 têtes d'ail écrasées

45 ml (3 c. à soupe) de sel à marinade

Vinaigre au gingembre

1 racine de gingembre (10 cm/4 po), épluchée et coupée en rondelles

2,5 ml (½ c. à thé) de piment rouge haché (facultatif)

60 ml (¼ tasse) de sucre

Choix de fruits pour ½ recette
Vinaigre aux framboises

750 ml (3 tasses) de framboises

1 l (4 tasses) de vinaigre de vin ou de cidre

80 ml (⅓ tasse) de sucre

Vinaigre épicé aux mûres

1 l (4 tasses) de mûres

1 l (4 tasses) de vinaigre de vin ou de cidre

2 bâtons de cannelle coupés

10 ml (2 c. à thé) de poivre de la Jamaïque

10 ml (2 c. à thé) de clou de girofle

250 ml (1 tasse) de sucre

Choix de fleurs pour ½ recette

1 l (4 tasses) de vinaigre de vin blanc ou de cidre doux

15 ml (1 c. à soupe comble) de lavande séchée pour la cuisine

ou 500 ml (2 tasses) de pétales de rose odorantes

ou 175 ml (3/4 tasse) de pétales de violette

Huile pimentée

1 l (4 tasses) d'huile d'olive
ou de pépins de raisin
ou de canola bio

3 à 4 petits piments chili hachés

2 brins de thym

2 feuilles de laurier

30 ml (2 c. à soupe) de paprika doux
ou fort

Chauffer l'huile à feu doux avec les piments, le thym et les feuilles de laurier. Cuire environ 15 minutes. Laisser refroidir 30 minutes. Ajouter le paprika. Remuer. Filtrer dans des bocaux ou des bouteilles stérilisées. Entreposer dans un endroit frais ou au réfrigérateur.

Nota : On peut diviser la recette par quatre, si on veut obtenir 250 ml (1 tasse) d'huile.

SVITARE PER APRIRE

Huile piquante au chili

10 piments chili séchés
Plus 4 piments à embouteiller
500 ml (2 tasses) d'huile de canola ou de pépins de raisin bio
15 ml (1 c. à soupe) d'huile de sésame rôtie

Hacher finement les piments séchés. Déposer dans un chaudron en acier inoxydable. Verser l'huile. Chauffer doucement pendant 15 minutes. Retirer du feu. Ajouter l'huile de sésame. Mélanger. Macérer 1 nuit. Filtrer dans des bocaux ou des bouteilles stérilisées en laissant 2,5 mm (⅛ po) d'espace de tête. Ajouter 1 piment entier si désiré. Entreposer dans un endroit frais ou au réfrigérateur.

Nota : Cette huile peut être utilisée immédiatement car les piments ont cette qualité d'imprégner rapidement (et fortement !) les substances auxquelles ils se mêlent.

Nota : Utiliser cette huile pour relever des pâtes, des pizzas végétariennes, un hachis ou pour badigeonner des brochettes ou des viandes à griller.

Huile parfumée au rocou

500 ml (2 tasses) d'huile de pépins de raisin ou de canola bio
90 ml (6 c. à soupe) de graines de rocou

Chauffer l'huile à feu doux avec les graines. Remuer. Cuire environ 5 à 8 minutes jusqu'à ce que l'huile atteigne une couleur orange vif. Laisser refroidir. Filtrer dans des bocaux ou des bouteilles stérilisés. Entreposer dans un endroit frais ou au réfrigérateur.

Nota : On appelle aussi le rocou « cloches dorées » et « graines d'annatto ». On peut se le procurer dans les épiceries asiatiques. Les graines de rocou sont odorantes et rappellent la muscade avec une note légèrement poivrée. Elles proviennent d'un arbre, le rocouyer, originaire d'Amérique centrale, qu'on retrouve aussi dans les Caraïbes. Les indigènes se coloraient la peau avec l'huile extraite de ces graines. Utiliser l'huile aromatique, quoique douce, pour relever les sauces tomates, les tartares, les plats de volaille et le ragoût de bœuf.

Huile aromatisée au citron

1 l (4 tasses) d'huile de pépins de raisin, de noisette ou d'olive de qualité

Écorce de 5 citrons

Couper le zeste des citrons. Le faire chauffer à feu doux dans 125 ml (½ tasse) d'huile. Remuer. Verser dans un ou des bocaux ou des bouteilles stérilisés. Ajouter le reste de l'huile. Macérer environ 2 semaines avant l'utilisation. Entreposer dans un endroit frais à l'abri de la lumière.

Huile à la vanille

250 ml (1 tasse) d'huile de pépins de raisin

1 grosse gousse de vanille

Gratter la gousse de vanille. Déposer les graines et la gousse dans une bouteille ou un bocal stérilisé. Verser l'huile. Laisser macérer.

Huile aromatisée au basilic

250 ml (1 tasse) d'huile d'olive de qualité

250 ml (1 tasse) de feuilles de basilic frais

Chauffer l'huile doucement sans la faire bouillir. Froisser le basilic et le déposer dans une bouteille ou un bocal stérilisé. Verser l'huile chaude. Sceller. Macérer 1 mois à l'abri de la lumière et de la chaleur. Varier la recette en utilisant une huile de noisette.

Huile aromatisée aux huiles essentielles

Quelques gouttes d'une huile essentielle dans une huile végétale suffisent pour la parfumer, car c'est le milieu idéal pour que sa saveur se développe. Vous pouvez mélanger des arômes en vous basant sur les recettes de cette section en remplaçant l'herbe, l'épice ou l'agrume par l'équivalent en huile essentielle. Les huiles essentielles sont remplies de principes actifs, elles sont donc déconseillées pour les femmes enceintes ou qui allaitent, les bébés ou les personnes à risque ou convalescentes ou toute personne prenant des médicaments sous ordonnance. Consultez votre médecin.

Petit conseil : Testez de petites quantités à la fois pour éviter le gaspillage. Les huiles essentielles tendent à perdre de leur intensité à la cuisson. Il faudra probablement compenser en versant 1 goutte de plus d'huile essentielle pendant la cuisson.

Huile
aux herbes et à l'ail

- 1 l (4 tasses) d'huile d'olive de qualité
- 2 à 3 gousses d'ail
- 2 petites échalotes françaises
- 5 brins de thym
- 1 branche de romarin
- 5 à 6 feuilles de laurier
- 10 ml (2 c. à thé) de poivre blanc

Conserver les échalotes non pelées et les gousses d'ail entières. Déposer tous les ingrédients dans un bocal stérilisé (ou une bouteille) en verre. Verser l'huile. Sceller. Entreposer dans un endroit frais et à l'abri de la lumière. Macérer environ 1 mois avant d'utiliser. Transvider dans des bocaux de 250 ml si désiré.

Variante : Remplacer le thym par de la marjolaine séchée ou de la sarriette.

Condiments

La relish tire son origine d'Angleterre. En 1828, John Osborn inventa la *Gentleman's Relish*, première relish connue contenant des anchois épicés qu'il commercialisa. Elle était alors tartinée sur une rôtie chaude et beurrée. Les ketchups et les sauces à badigeonner sont eux aussi très anciens. Le ketchup nous viendrait de Chine, où, il y a des centaines d'années, on le fabriquait pour mariner le poisson et donner du goût au riz blanc. Plusieurs variantes ont depuis agrémenté l'univers culinaire. Ces condiments rehaussent quantités de plats de nos jours. On sait qu'ils aiguisent parfois l'appétit. Toutes ces préparations sont cuites pour la plupart. La moutarde, quant à elle, est employée tant en cuisine qu'en médecine depuis la nuit des temps. Elle est riche en minéraux et vitamines A et C, stimule l'appétit et possède des propriétés antioxydantes reconnues. Les recettes proposées, de style « dijonnais », se cuisinent facilement, vous aimerez leur polyvalence. Elles peuvent être badigeonnées sur un rôti ou ajoutées à une mayonnaise, par exemple. Les salsas mexicaines et la bruchetta italienne (originellement un hors-d'œuvre constitué d'une tranche de pain et d'un mélange de tomates chaudes assaisonnées) méritent de garnir la table en raison de leur apport généreux en légumes frais. Elles se cuisinent très rapidement et il est tellement pratique d'en avoir quelques bocaux en réserve.

Relish fenouil framboises

- 1 bulbe de fenouil tranché
- 175 ml (3/4 tasse) d'oignons rouges hachés fin
- 375 ml (1 1/2 tasse) de framboises gelées
- 500 ml (2 tasses) de vinaigre de framboises
- 250 ml (1 tasse) d'eau filtrée
- 10 ml (2 c. à thé) de jus de citron
- 20 ml (4 c. à thé) d'écorce de citron hachée fin
- 150 ml (2/3 tasse) de sucre granulé
- 10 ml (2 c. à thé) de sel à marinade
- 30 ml (2 c. à soupe) de farine
- 10 ml (2 c. à thé) de graines de moutarde jaune
- 10 ml (2 c. à thé) de graines de fenouil
- 10 ml (2 c. à thé) de grains de poivre noir

Moudre les épices finement. Porter à ébullition le vinaigre, l'eau et le sucre. Réduire le feu. Incorporer le reste des ingrédients sauf la farine. Mijoter 1 h 30 à 2 h à découvert ou jusqu'à ce qu'il y ait une bonne réduction. Mélanger la farine avec un peu de liquide chaud. Bien fouetter. Incorporer à la relish en brassant. Empoter. Stériliser 10 minutes. Donne environ 5 bocaux de 250 ml.

Nota : Vous pouvez employer des framboises surgelées.

Relish aux betteraves

- 6 betteraves moyennes
- 2 grosses pommes vertes
- 1 oignon jaune moyen
- 175 ml (3/4 tasse) de raisins secs
- 250 ml (1 tasse) de vinaigre de vin rouge
- 125 ml (1/2 tasse) de vinaigre balsamique
- 250 ml (1 tasse) de sucre granulé

Épices

- 1 ml (1/4 c. à thé) de poivre de la Jamaïque
- 15 ml (1 c. à soupe) de gingembre haché fin
- 1 ml (1/4 c. à thé) de clou de girofle moulu

Cuire les betteraves non pelées dans du papier d'aluminium, dans un four préchauffé à 210 °C (425 °F) 30 à 40 minutes ou dans l'eau bouillante à l'autocuiseur environ 15 minutes selon la grosseur. Tiédir. Peler. Couper en morceaux. Hacher grossièrement l'oignon et les pommes dans un robot culinaire. Déposer les légumes dans un chaudron avec le reste des ingrédients. Porter à ébullition en mélangeant. Réduire le feu. Cuire à feu doux environ 1 heure ou jusqu'à épaississement. Passer au robot culinaire pour affiner la texture ou utiliser un presse-purée. Empoter. Stériliser. Donne environ 6 pots de 250 ml.

Relish aux prunes

- 2,2 kg (5 lb) de prunes rouges
- 250 ml (1 tasse) de vinaigre de cidre
- 350 ml (3 tasses) de sucre granulé
- Le jus et le zeste de 1 orange moyenne
- 5 ml (1 c. à thé) de cardamome moulue ou de cannelle
- 5 ml (1 c. à thé) de sel de mer

Ébouillanter les prunes 30 à 60 secondes pour les peler. Dénoyauter. Hacher à l'aide d'un robot culinaire. Cuire tous les ingrédients jusqu'à consistance onctueuse environ 1 heure à feu doux en remuant de temps en temps. Ajouter de l'eau si nécessaire. Empoter. Stériliser. Donne environ 7 bocaux de 250 ml.

Salsa tomates et poivrons

- 12 tomates italiennes
- 500 ml (2 tasses) de poivrons verts ou rouges
- 2 oignons jaunes moyens
- 1 gousse d'ail (facultatif)
- 2 piments jalapeños
- Jus de 2 limes
- 60 ml (1/4 tasse) de vinaigre balsamique
- 30 ml (2 c. à soupe) d'huile de pépins de raisin
- 30 ml (2 c. à soupe) de sucre granulé (ou de miel ou de cassonade)
- 4 à 6 brins de coriandre fraîche
- 60 ml (1/4 tasse) de menthe fraîche hachée
- 15 ml (1 c. à soupe) de sel à marinade
- Pincée de piment chili en poudre

Hacher les légumes et les herbes dans un robot culinaire. Transférer dans un chaudron. Ajouter tous les autres ingrédients. Cuire à feu moyen-vif quelques minutes. Réduire et cuire encore 5 minutes en remuant. Empoter. Stériliser. Donne environ 4 bocaux de 250 ml.

Variante : Explorez votre marché à la recherche de variétés de poivrons mexicains tels que les poivrons cubanel, qui sont légèrement piquants et moins amers que les poivrons verts. Si vous voulez une salsa vraiment relevée, essayez les piments chipotle (en petites quantités) mélangés ou non avec les jalapeños.

Salsa mangue ananas

- 1 petit ananas (500 ml/2 tasses en dés)
- 1 grosse mangue en dés (250 ml/1 tasse)
- 1 piment jalapeños haché
- Jus de 1 lime
- 15 ml (1 c. à soupe) de sucre granulé
- 15 ml (1 c. à soupe) de vinaigre blanc
- 45 ml (3 c. à soupe) de coriandre fraîche
- 1 petite gousse d'ail hachée
- 1 petit oignon haché
- 5 ml (1 c. à thé) de sel à marinade
- 1 ml (1/4 c. à thé) de coriandre moulue gros
- 2,5 ml (1/2 c. à thé) de cumin en poudre
- 2 pincées de piment chili moulu

Cuire à feu moyen tous les ingrédients 10 minutes en remuant. Empoter. Stériliser. Donne environ 3 bocaux de 250 ml.

Relish aux concombres et kiwis

- 3 kiwis fermes
- 3 petits concombres
- 1 branche de céleri
- 1 oignon moyen haché
- 125 ml (1/2 tasse) de jus de pomme non sucré
- 125 ml (1/2 tasse) de vinaigre de cidre
- 60 ml (1/4 tasse) de sucre
- 5 ml (1 c. à thé) de moutarde sèche
- 0,5 ml (1/8 c. à thé) de graines de céleri
- 2,5 ml (1/2 c. à thé) de cari de Madras
- 1 ml (1/4 c à thé) de poivre noir moulu
- 30 ml (2 c. à soupe) de farine tout usage

Hacher les légumes et les kiwis à l'aide d'un robot culinaire la veille. Laisser égoutter dans une passoire au-dessus d'un bol. Porter à ébullition le vinaigre, le jus de pomme et le sucre jusqu'à ce qu'il soit dissous. Réduire le feu. Incorporer le reste des ingrédients et le hachis sauf la farine. Mijoter 1 h 30 à 2 h à découvert ou jusqu'à ce qu'il y ait une bonne réduction. Mélanger la farine avec un peu de liquide chaud. Bien fouetter. Incorporer et bien mélanger. Empoter. Stériliser. Donne 3 bocaux de 250 ml.

Relish à la rhubarbe

- 1 l (4 tasses) de rhubarbe coupée en cubes
- 2 petits oignons rouges hachés
- 125 ml (1/2 tasse) de vinaigre de cidre
- 20 ml (4 c. à thé) de jus de citron
- 250 ml (1 tasse) de sucre granulé
- 1 ml (1/4 c. à thé) de cannelle moulue
- 1 ml (1/4 c. à thé) de piment de la Jamaïque moulu
- 1 ml (1/4 c. à thé) de sel de mer
- 5 ml (1 c. à thé) de sauce Worcestershire

Cuire tous les ingrédients jusqu'à consistance onctueuse environ 1 heure à feu doux en remuant de temps en temps. Ajouter de l'eau si nécessaire. Empoter. Stériliser. Donne environ 4 bocaux de 250 ml.

Nota : Ne jamais utiliser les feuilles de rhubarbe car elles sont vénéneuses.

Salsa douce
au piment banane

- 12 tomates italiennes
- 2 à 3 poivrons cubanel ou verts
- 1 poivron doux jaune
- 1 piment banane
- 2 piments jalapeños
- 4 à 6 brins de coriandre fraîche
- le jus de 4 limes
- 60 ml (1/4 tasse) de sucre granulé
- 30 ml (2 c. à soupe) de vinaigre de cidre
- 30 ml (2 c. à soupe) d'huile d'olive
- 15 ml (1 c. à soupe) de sel à marinade

Hacher les légumes et les herbes à l'aide d'un robot culinaire. Transférer dans un chaudron. Ajouter le reste des ingrédients. Cuire à feu vif quelques minutes. Réduire et cuire encore 5 à 8 minutes en remuant. Empoter. Stériliser. Donne environ 4 bocaux de 250 ml.

Relish
aux poivrons

- 4 poivrons verts
- 4 poivrons rouges
- 2 oignons moyens (jaunes ou rouges)
- 20 ml (4 c. à thé) d'écorce de lime
- 20 ml (4 c. à thé) de jus de lime
- 500 ml (2 tasses) de vinaigre de cidre
- 330 ml (1⅓ tasse) de sucre granulé
- 10 ml (2 c. à thé) de sel non iodé
- 10 ml (2 c. à thé) de moutarde sèche
- 10 ml (2 c. à thé) de paprika hongrois
- 20 ml (4 c. à thé) de farine tout usage

Hacher finement les poivrons et les oignons dans un robot culinaire. Laisser égoutter dans une passoire au-dessus d'un bol. Déposer les légumes dans un chaudron avec le reste des ingrédients sauf la farine. Porter à ébullition en mélangeant. Réduire le feu. Cuire à feu doux de 50 à 60 minutes ou jusqu'à épaississement. Mélanger la farine avec un peu de liquide chaud. Bien fouetter. Incorporer et bien mélanger. Empoter. Stériliser. Donne 4 pots de 250 ml.

Variante : Ajouter un peu de piment Jalapeños pour une version plus pimentée.

Salsa
aux pêches

- 6 pêches moyennes (environ 500 ml/2 tasses)
- 3 tomates (environ 375 ml/1½ tasse de cubes)
- 45 ml (3 c. à soupe) d'oignon jaune haché
- 15 ml (1 c. à soupe) de vinaigre balsamique blanc
- 30 ml (2 c. à soupe) de jus de citron
- 30 ml (2 c. à soupe) de miel
- 45 ml (3 c. à soupe) de coriandre fraîche hachée
- 45 ml (3 c. à soupe) de menthe fraîche hachée
- 10 ml (2 c. à thé) de sel à marinade
- 1 à 2 pincées de piment chili moulu

Cuire à feu moyen tous les ingrédients environ 1 minute. Empoter. Stériliser. Donne environ 3 bocaux de 250 ml.

Sauce
aux prunes style oriental

2 kg (4,4 lb) de prunes rouges ou noires
1 l (4 tasses) de vinaigre de vin blanc
5 ml (1 c. à thé) de sel à marinade
250 ml (1 tasse) de sauce soja réduite en sel
750 ml (3 tasses) de cassonade bio

Nouet d'épices

15 ml (1 c. à soupe) d'anis étoilé
10 ml (2 c. à thé) de poivre de Sichuan
5 ml (1 c. à thé) de piment chili broyé

Blanchir les prunes. Les peler et les dénoyauter. Broyer grossièrement les épices. Les envelopper dans une pochette de gaze. Porter à ébullition le vinaigre et les épices. Ajouter la cassonade. Remuer pour bien la dissoudre. Réduire la chaleur. Incorporer les prunes. Mijoter à découvert environ 45 minutes. Ajouter la sauce soja 10 minutes avant la fin de la cuisson. Passer au tamis fin. Empoter. Stériliser 10 minutes. Donne environ 5 bocaux de 250 ml.

Confit d'oignons au vin blanc

- 450 g (1 lb) d'oignons tranchés
- 375 ml (1½ tasse) de vinaigre de vin
- 125 ml (½ tasse) de vin doux sucré (Marsala ou Muscat)
- 250 ml (1 tasse) de cassonade dorée
- 7,5 ml (1½ c. à thé) de cumin moulu
- 7,5 ml (1½ c. à thé) de coriandre moulue

Faire mijoter tous les ingrédients dans un chaudron épais en brassant. Cuire jusqu'à ce que les oignons soient tendres et que le confit ait épaissi. Empoter. Stériliser ou conserver au réfrigérateur dans un contenant hermétique. Donne environ 2 pots de 125 ml.

Nota : On peut remplacer le vin par la même quantité de vinaigre. Ajouter alors 15 à 30 ml (1 à 2 c. à soupe) de cassonade supplémentaire. On peut doubler la recette.

Marmelade d'oignons aux abricots

- 2 oignons jaunes moyens tranchés à la mandoline
- 60 ml (¼ tasse) d'abricots séchés hachés fin
- 60 ml (¼ tasse) de vinaigre de vin blanc
- 125 ml (½ tasse) de vinaigre balsamique blanc
- 80 ml (⅓ tasse) de miel
- 45 ml (3 c. à soupe) de cassonade
- 1 ml (¼ c. à thé) de muscade

Faire mijoter tous les ingrédients dans un chaudron épais en brassant pour bien dissoudre la cassonade. Cuire jusqu'à ce que les oignons soient tendres et que le confit ait épaissi. Empoter. Stériliser ou conserver au réfrigérateur dans un contenant hermétique. Donne environ 3 pots de 125 ml.

Variante : Utiliser des oignons rouges. On peut doubler la recette.

Confit d'oignons canneberges au vin rouge

- 284 g (24) de petits oignons hachés
- 125 ml (½ tasse) de canneberges séchées hachées
- 60 ml (¼ tasse) de vinaigre de vin rouge
- 60 ml (¼ tasse) de vinaigre balsamique
- 125 ml (½ tasse) de cassonade
- 1 brin de 5 cm (2 po) de romarin
- 1 ml (¼ c. à thé) de poivre noir moulu (facultatif)

Faire mijoter tous les ingrédients dans un chaudron épais en brassant pour bien dissoudre la cassonade. Cuire jusqu'à ce que les oignons soient tendres et que le confit ait épaissi. Empoter. Stériliser ou conserver au réfrigérateur dans un contenant hermétique. Donne environ 2 pots de 125 ml.

Nota : On peut doubler la recette.

Confit d'oignons au porto

450 g (1 lb) d'oignons tranchés minces
125 ml (1/2 tasse) de raisins Sultana
175 ml (3/4 tasse) de vinaigre de vin rouge
175 ml (3/4 tasse) de porto
175 ml (3/4 tasse) de cassonade dorée
2,5 ml (1/2 c. à thé) de poivre de la Jamaïque moulu
5 ml (1 c. à thé) de cardamome moulue

Faire mijoter tous les ingrédients dans un chaudron épais en brassant pour bien dissoudre la cassonade. Cuire jusqu'à ce que les oignons soient tendres et que le confit ait épaissi. Empoter. Stériliser ou conserver au réfrigérateur dans un contenant hermétique. Donne environ 3 pots de 125 ml.

Nota : On peut doubler la recette.

Bruchetta

16 à 18 tomates italiennes
4 gousses d'ail
3 échalotes françaises hachées
30 ml (2 c. à soupe) de pâte de tomates
125 ml (1/2 tasse) de vinaigre balsamique
125 ml (1/2 tasse) de vin blanc ou rouge
15 ml (1 c. à soupe) de jus de citron
1 gros bouquet de basilic haché
5 ml (1 c. à thé) de sucre granulé
2,5 ml (1/2 c. à thé) de sel à marinade
1 à 2,5 ml (1/4 à 1/2 c. à thé) de poivre noir moulu
Pincée de poivre de Cayenne ou Chili

Dégermer l'ail et hacher finement. Blanchir les tomates. Prélever les parties meurtries. Les épépiner pour enlever le plus de liquide. Hacher en morceaux (18 mm/3/4 po). Faire revenir l'échalote française dans un peu d'huile d'olive. Ajouter tous les ingrédients dans le chaudron avec la pâte de tomates. Cuire à feu vif 1 minute. Réduire le feu. Mijoter 4 à 5 minutes. Empoter. Stériliser. Donne environ 3 bocaux de 250 ml.

Nota : Vous pouvez utiliser du vinaigre balsamique blanc ou rouge ainsi que du vin blanc ou rouge. Servez en ajoutant un filet d'huile d'olive extra vierge.

Moutarde forte
à la bière aux pommes (style anglais)

- 125 ml (1/2 tasse) de moutarde sèche
- 30 ml (2 c. à soupe) de farine tout usage
- 175 ml (3/4 tasse) de bière aux pommes
- 60 ml (1/4 tasse) de vinaigre de cidre
- 30 ml (2 c. à soupe) d'eau filtrée
- 15 ml (1 c. à soupe) de miel
- 5 ml (1 c. à thé) de sel de mer

Mélanger les ingrédients secs. Porter à ébullition la bière et le vinaigre dans un chaudron. Ajouter le miel. Ajouter le mélange d'ingrédients secs et fouetter énergiquement hors du feu jusqu'à l'obtention d'un mélange onctueux. (Tamiser s'il y a des grumeaux). Ajouter un peu d'eau si nécessaire. Laisser reposer la moutarde au réfrigérateur à découvert au moins 48 heures avant de sceller hermétiquement. Empoter. Conserver au réfrigérateur environ 3 à 4 mois ou congeler. Donne environ 2 pots de 125 ml.

Variante : Utiliser la bière de votre choix. La recette originale utilise du vinaigre de malt. Ajuster le miel et le sel au goût en l'ajoutant à la fin.

Moutarde au cari

125 ml (½ tasse) de farine tout usage
30 ml (2 c. à soupe) de moutarde sèche
30 ml (2 c. à soupe) de sucre en poudre
15 ml (1 c. à soupe) de cari de Madras
5 ml (1 c. à thé) de sel de mer
250 ml (1 tasse) d'eau
45 à 75 ml (3 à 5 c. à soupe) de vinaigre blanc

Mélanger les ingrédients secs dans un bol en inox. Porter l'eau à ébullition. Ajouter le sucre. Remuer pour bien le dissoudre. Hors du feu, incorporer le mélange d'ingrédients secs. Fouetter énergiquement. Mélanger jusqu'à l'obtention d'un mélange onctueux. Verser la moitié du vinaigre tout en fouettant. Laisser reposer 10 minutes. Goûter. Équilibrer la saveur avec de l'eau ou du vinaigre. Laisser reposer la moutarde au réfrigérateur à découvert au moins 48 heures avant de sceller hermétiquement. Empoter. Conserver au réfrigérateur environ 3 à 4 mois ou congeler. Donne environ 2 pots de 125 ml.

Nota : Pour une moutarde plus forte, ajouter jusqu'à 30 ml (2 c. à soupe) de cari.

Moutarde aromatisée à l'estragon

75 ml (5 c. à soupe) de vinaigre de vin blanc
175 ml (3/4 tasse) d'eau filtrée
60 ml (1/4 tasse) de feuilles d'estragon
30 ml (2 c. à soupe) de farine tout usage
80 ml (1/3 tasse) de moutarde sèche
30 ml (2 c. à soupe) de sucre fin (à fruits)
5 ml (1 c. à thé) de sel

Hacher finement les feuilles d'estragon. Mélanger les ingrédients secs dans un bol en inox. Ajouter l'estragon. Remuer. Porter l'eau à ébullition. Ajouter le sucre. Remuer pour bien le dissoudre. Hors du feu, incorporer le mélange d'ingrédients secs. Fouetter énergiquement. Mélanger jusqu'à l'obtention d'un mélange onctueux. Verser la moitié du vinaigre tout en fouettant. Laisser reposer 10 minutes. Goûter. Équilibrer la saveur avec de l'eau ou du vinaigre. Laisser reposer la moutarde au réfrigérateur à découvert au moins 48 heures avant de sceller hermétiquement. Conserver au réfrigérateur environ 3 à 4 mois ou congeler. Empoter. Donne environ 2 pots de 125 ml.

Variante : Utiliser une autre herbe comme le romarin ou le thym.

Moutarde
au curcuma

- 125 ml (1/2 tasse) de farine tout usage
- 15 ml (1 c. à soupe) de moutarde sèche
- 30 ml (2 c. à soupe) de sucre en poudre
- 15 ml (1 c. à soupe) de curcuma
- 2,5 ml (1/2 c. à thé) de sel de mer
- 1 ml (1/4 c. à thé) de poivre noir moulu
- 250 ml (1 tasse) d'eau filtrée
- 30 à 60 ml (2 à 4 c. à soupe) de vinaigre blanc

Mélanger les ingrédients secs dans un bol en inox. Porter l'eau à ébullition. Ajouter le sucre. Remuer pour bien le dissoudre. Hors du feu, incorporer le mélange d'ingrédients secs. Fouetter énergiquement. Mélanger jusqu'à l'obtention d'un mélange onctueux. Verser la moitié du vinaigre tout en fouettant. Laisser reposer 10 minutes. Goûter. Équilibrer la saveur avec de l'eau ou du vinaigre. Laisser reposer la moutarde au réfrigérateur à découvert au moins 48 heures avant de sceller hermétiquement. Empoter. Conserver au réfrigérateur environ 3 à 4 mois ou congeler. Donne environ 2 pots de 125 ml.

Nota : Traditionnellement la moutarde était conservée dans des contenants à goulot étroit pour prévenir l'oxydation. Ainsi il est préférable de l'empoter dans de plus petits bocaux pour réduire la surface en contact avec l'air.

Moutarde douce
aromatisée au thym citron

- 250 ml (1 tasse) d'eau filtrée
- 15 ml (1 c. à soupe) de thym frais haché
- L'écorce de 1 citron hachée
- 125 ml (½ tasse) de farine tout usage
- 10 ml (2 c. à thé) de moutarde sèche
- 30 ml (2 c. à soupe) de miel
- 2,5 ml (½ c. à thé) de sel
- 15 ml (1 c. à soupe) de jus de citron
- 15 ml (1 c. à soupe) de vinaigre balsamique blanc

Chauffer le vinaigre à feu doux avec le thym et l'écorce de citron hachée. Retirer du feu et macérer 1 heure. Jeter le thym et l'écorce de citron. Tamiser. Mélanger les ingrédients secs dans un bol en inox. Verser graduellement le vinaigre aromatisé tout en fouettant. Mélanger jusqu'à l'obtention d'un mélange onctueux. Laisser reposer 10 minutes. Goûter. Équilibrer la saveur avec de l'eau ou du vinaigre. Ajouter du thym si désiré. Empoter. Conserver au réfrigérateur environ 3 à 4 mois ou congeler. Donne environ 2 pots de 125 ml.

Variante : Remplacer le thym par du romarin.

Ketchup rouge traditionnel

- 1,5 l (6 tasses) de tomates
- 250 ml (1 tasse comble) de pommes
- 330 ml (1⅓ tasse) d'oignons
- 250 ml (1 tasse) de céleri
- 250 ml (1 tasse) de sucre granulé
- 150 ml (⅔ tasse) de vinaigre blanc

Nouet d'épices

- 7,5 ml (½ c. à soupe) de sel à marinade
- 0,5 ml (⅛ c. à thé) de poivre blanc
- 5 ml (1 c. à thé) d'épices à marinade
- 0,5 ml (⅛ c. à thé) de cannelle
- 1 pincée de clou de girofle
- 5 ml (1 c. à thé) de gélatine neutre
- 7,5 ml (1½ c. à thé) d'eau froide

Peler les pommes et les tomates. Épépiner les tomates et les laisser égoutter dans une passoire. Couper les fruits et les légumes en dés pour les mesurer. Mélanger tous les ingrédients dans un chaudron avec les épices. Porter à ébullition. Réduire le feu et mijoter environ 1 heure. Mélanger la gélatine et l'eau froide et l'ajouter au mélange hors du feu. Brasser. Empoter. Stériliser. Donne environ 6 pots de 250 ml.

Ketchup aux abricots et tomates séchées

(voir photo de droite)

- 10 abricots secs hachés
- 4 tomates séchées hachées
- Eau filtrée bouillante
- 125 ml (½ tasse) de sauce aux tomates
- 60 ml (¼ tasse) d'eau de trempage
- 60 ml (¼ tasse) de cassonade tassée
- 125 ml (½ tasse) de vinaigre de cidre
- 5 ml (1 c. à thé) de romarin séché
- 1 petite échalote française hachée
- 5 ml (1 c. à thé) de sel de mer
- Pincée de poivre de Cayenne

Recouvrir les tomates et les abricots séchés d'eau bouillante. Tremper quelques heures. Une fois réhydratés, les hacher dans un robot culinaire. Dans un chaudron, chauffer tous les ingrédients à feu doux environ 1 heure en remuant de temps à autre jusqu'à épaississement. Ajouter de l'eau si nécessaire. Goûter et ajouter du poivre de Cayenne pour une saveur plus piquante. Empoter. Stériliser. Donne 2 bocaux de 250 ml.

Ketchup
aux fruits traditionnel de grand-mère

- 625 ml (2½ tasses) de tomates italiennes
- 375 ml (1½ tasse) d'oignons jaunes
- 3 branches de céleri
- 3 pommes, pelées et épépinées
- 250 ml (1 tasse) de pêches ou d'abricots
- 375 ml (1½ tasse) de poires en dés
- 15 ml (1 c. à soupe) de sel de mer
- 45 ml (3 c. à soupe) de cassonade
- 7,5 ml (1½ c. à thé) de moutarde en poudre
- 7,5 ml (1½ c. à thé) de cannelle
- 0,5 ml (⅛ c. à thé) de clou de girofle
- 310 ml (1¼ tasse) de vinaigre de cidre

Couper les fruits et les légumes en dés et mesurer. Transférer dans un chaudron. Ajouter tous les autres ingrédients. Mijoter à découvert environ 2 heures (selon les fruits employés). Empoter. Stériliser. Donne environ 5 bocaux de 500 ml.

Ketchup vert

- 10 à 12 tomates vertes
- 45 ml (3 c. à soupe) de sel à marinade
- 500 ml (2 tasses) de vinaigre de cidre
- 500 ml (2 tasses) de sucre granulé
- 4 oignons jaunes
- 1 poivron vert
- 45 ml (3 c. à soupe) de graines de moutarde
- 2,5 ml (1/2 c. à thé) de graines de céleri
- 5 ml (1 c. à thé) de curcuma
- 0,5 ml (1/8 c. à thé) de poivre de Cayenne

Trancher les tomates. Les déposer par couche dans un plat en les saupoudrant de sel. Dégorger 12 heures. Égoutter. Hacher les oignons et le poivron dans un robot culinaire. Transférer dans un chaudron. Verser le vinaigre. Ajouter le sucre et les graines de moutarde, de céleri et le curcuma. Porter le mélange à ébullition. Réduire le feu et mijoter environ 5 minutes. Ajouter les tomates et le poivre de Cayenne. Remuer. Mijoter encore 15 à 20 minutes à feu doux ou jusqu'à ce que les tomates soient cuites. Empoter. Stériliser. Donne environ 5 pots de 500 ml.

Nota : Les tomates vertes cuites sont beaucoup plus digestes. Vous pouvez doubler ou tripler la recette facilement si vous avez une abondance de tomates vertes en fin de saison.

Sauce barbecue

- 24 grosses tomates mûres
- 3 branches de céleri
- 2 oignons moyens
- 2 poivrons rouges
- 5 ml (1 c. à thé) de poivre noir moulu
- 250 ml (1 tasse) de cassonade
- 250 ml (1 tasse) de vinaigre blanc
- 1/2 piment rouge haché (ou Serrano)
- 2 gousses d'ail émincées
- 5 ml (1 c. à thé) de chacun : moutarde sèche, paprika, sel de mer
- 1 ml (1/4 c. à thé) de poivre noir moulu

Blanchir les tomates. Épépiner et hacher à l'aide d'un robot culinaire avec les autres légumes. Cuire tous les ingrédients 30 minutes à feu doux ou jusqu'à ce qu'ils soient très tendres. Passer la purée au tamis ou ans un robot culinaire. Cuire à nouveau à feu doux environ 45 minutes ou jusqu'à l'obtention d'une texture onctueuse. Remuer souvent. Ajouter un peu d'eau si nécessaire. Recuire la sauce à feu doux encore 1 heure ou plus en remuant pour éviter que la sauce ne colle. Empoter. Stériliser. Donne environ 4 bocaux de 250 ml.

Nota : Remplacer les tomates mûres par des tomates en conserve pour badigeonner ailes et cuisses de poulet.

Sauce aux canneberges tomates

2 petits oignons rouges
1 l (4 tasses) de tomates entières en conserve
500 ml (2 tasses) de canneberges congelées ou fraîches
330 ml (1⅓ tasse) de cassonade foncée tassée
150 ml (⅔ tasse) de vinaigre de cidre
Écorce d'une petite orange
Écorce d'un citron
1 à 2,5 ml (¼ à ½ c. à thé) de chili broyé fin
1 ml (¼ c. à thé) de sel de mer

Déposer les canneberges dans un robot culinaire avec les tomates et les oignons pour les hacher grossièrement. Transférer dans un chaudron. Déposer le reste des ingrédients dans le chaudron. Porter à ébullition en brassant. Diminuer le feu. Mijoter environ 20 à 35 minutes en remuant de temps à autre. Réduire en sauce lisse au mélangeur si désiré. Empoter. Stériliser. Donne environ 4 bocaux de 250 ml.

Nota : Vous pouvez remplacer les oignons rouges par 12 petits oignons perlés.

Sauce Chili

2 pommes moyennes, pelées et épépinées
2 poivrons rouges
2 poivrons verts
2 gousses d'ail hachées
16 à 18 tomates italiennes fraîches ou en conserve
125 ml (½ tasse) de bouillon de poulet
1 ml (¼ c. à thé) de chacun : moutarde sèche, sel de céleri, piment de Jamaïque, cannelle, poivre de Cayenne, clou de girofle
7,5 ml (1½ c. à thé) de sel à marinade

Blanchir les tomates. Épépiner et hacher dans un robot culinaire avec les autres légumes. Verser le bouillon de poulet dans un chaudron. Ajouter les légumes. Cuire avec toutes les épices environ 2 heures à feu doux ou jusqu'à ce qu'ils soient très tendres. Remuer pendant la cuisson. Ajouter du jus de tomate ou de l'eau si nécessaire. Réduire en purée dans un robot culinaire ou un mélangeur. Empoter. Stériliser. Donne environ 4 bocaux de 250 ml.

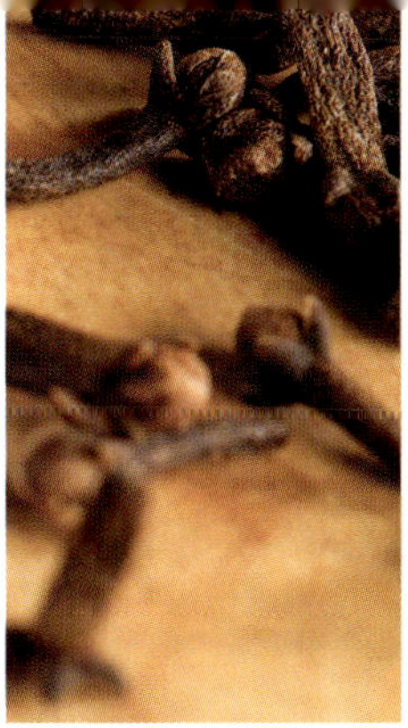

Herbes et épices, sucres et sels aromatisés

Ces recettes apporteront une touche exotique à vos plats de base, vos boissons et desserts par le simple ajout d'agents aromatiques. J'ai pigé dans mes herbes et mes épices courantes pour préparer des mélanges simples et pratiques. Utilisez des sucres naturels, bio ou non. Le sucre à glacer peut aussi être aromatisé. Faites l'essai d'huiles essentielles avec parcimonie : imbibez un petit morceau de coton ouaté avec quelques gouttes d'huile d'amande. Versez une goutte à la fois. Remuez le sucre ou le sel après une journée. Les huiles essentielles étant très concentrées, il faut de goûter après chaque addition.

Procédez de la même façon pour les sels aromatisés. Les épiceries fines vendent des sels de qualité provenant de différents coins du monde et qui sont riches en minéraux. Ils s'aromatisent avec des herbes séchées ou une goutte d'huile essentielle. Vous retrouverez quelques idées peu coûteuses pour remplir vos salières de « sels sans sel » et de mélanges d'épices exotiques et d'herbes traditionnelles très pratiques. Les quantités sont petites car les mélanges peuvent s'altérer avec le temps.

Sucre à la rose

250 ml (1 tasse) de sucre au choix
125 ml (1/2 tasse) de pétales de rose

Dans un bocal préalablement stérilisé, alterner sucre et pétales de rose. Fermer hermétiquement. Entreposer dans un endroit sec à l'abri de la lumière. Brasser le mélange après 3 à 4 jours. Goûter. Retirer ou laisser encore le sucre s'imprégner d'arômes. Donne 1 bocal de 250 ml.

Sucre à la coriandre

125 ml (1/2 tasse) de sucre naturel
15 ml (1 c. à soupe) de coriandre moulue

Verser le sucre et de la coriandre dans un bol. Bien mélanger. Verser dans un bocal préalablement stérilisé. Remuer le sucre après 1 journée. Laisser les arômes se développer jusqu'à 1 semaine. Conserver dans un endroit sec. Donne un bocal de 125 ml.

Sucre à la menthe

125 ml (1/2 tasse) de sucre au choix
1 à 2 gouttes d'huile essentielle à la menthe
1 goutte d'huile végétale douce
1 carré de gaze (étamine)

Diviser le carré d'étamine en deux morceaux. Verser 1 goutte d'huile végétale et 1 goutte d'huile de menthe. Alterner sucre et carré humecté d'huile dans un bocal préalablement stérilisé. Fermer hermétiquement. Entreposer dans un endroit sec à l'abri de la lumière. Brasser le mélange après 1 journée. Goûter. Retirer ou laisser encore s'imprégner d'arôme. Donne un bocal de 125 ml.

Sucre méli-mélo

250 ml (1 tasse) de sucre au choix
2 bâtons de cannelle
2 anis étoilés
Écorce séchée moulue d'une orange
Écorce séchée moulue d'un citron

Mélanger tous les ingrédients avec le sucre. Verser dans un bocal préalablement stérilisé. Brasser tous les 2 jours et vérifier le goût après 1 semaine. Donne 2 bocaux de 125 ml.

Nota : Ce sucre aromatisé aux épices peut rehausser le goût d'une croustade ou d'un coulis de fruits, aromatiser le gruau et le muesli, le yogourt, le thé et le café chauds ou froids.

Sucre
à l'orange

250 ml (1 tasse) de sucre au choix

Zeste de 1 orange
ou écorces d'oranges séchées

Prélever le zeste avec une râpe fine. Verser le sucre dans un bocal préalablement stérilisé (ou un sac de plastique à glissière). Ajouter le zeste et mélanger. Le sucre sera un peu humide. (Vous pouvez utiliser le mélange immédiatement.) Pour le zeste séché, alterner zeste et sucre. Fermer hermétiquement. Brasser le mélange après 3 à 4 jours. Goûter. Laisser le sucre s'imprégner d'arômes pendant au moins 1 semaine. Entreposer dans un endroit sec et à l'abri de la lumière. Donne un bocal de 250 ml.

Nota : Faire sécher le zeste au four à basse température (90 °C/200 °F) pendant environ 3 heures ou dans un endroit sec. D'autres agrumes peuvent parfumer le sucre : lime, citron ou pamplemousse. On peut utiliser quelques gouttes d'huile essentielle. Remuer le sucre après 1 journée. Goûter. Ajouter de l'huile selon l'intensité désirée.

Sucre
à la cardamome

125 ml (1/2 tasse) de sucre au choix

30 ml (2 c. à soupe) de gousses de cardamome

Écraser les gousses dans un mortier. Retirer les graines. Verser le sucre et la cardamome dans un bol. Bien mélanger. Verser dans un bocal préalablement stérilisé. Remuer le sucre après 1 journée. Laisser les arômes se développer jusqu'à 1 semaine. Conserver dans un endroit sec. Donne un bocal de 125 ml.

Nota : Idéal pour aromatiser le thé noir.

Sucre à la lavande

250 ml (1 tasse) de sucre au choix
15 ml (1 c. à soupe) de lavande séchée

Déposer les fleurs de lavande dans des carrés d'étamine si désiré. Verser la moitié du sucre dans un contenant préalablement stérilisé. Ajouter les fleurs de lavande. Mélanger. Ajouter le reste du sucre. Fermer hermétiquement. Entreposer dans un endroit frais et à l'abri de la lumière. Remuer le mélange après 3 à 4 jours. Goûter. Filtrer le mélange à l'aide d'une passoire fine (si on n'a pas utilisé l'étamine) ou laisser encore le sucre s'imprégner d'arômes (environ 1 semaine). Empoter dans un bocal stérile. Donne 2 bocaux de 125 ml.

Nota : J'ai utilisé de petites compresses stériles vendues en pharmacie pour réaliser les carrés. On peut les coudre ou les nouer avec de la ficelle.

Sel à la lavande

2 à 3 épis de lavande coupés
60 ml (1/4 tasse) de sel de mer

Déposer le sel et les épis de lavande dans un contenant stérilisé. Mélanger. Laisser le mélange dans un endroit sec à l'abri de la lumière 1 à 2 semaines jusqu'à ce que les arômes se développent. Tamiser et transvider avant usage. Donne 60 ml (1/4 tasse).

Sucre
à la cannelle

250 ml (1 tasse) de sucre au choix

2 bâtons de cannelle
ou huile essentielle* de cannelle

Verser le sucre dans un bocal préalablement stérilisé. Piquer les bâtons de cannelle dans le sucre. Fermer hermétiquement. Mélanger tous les 2 ou 3 jours. Laisser le sucre s'imprégner d'arômes au moins 1 mois. Donne un bocal de 250 ml.

Nota : L'huile essentielle de cannelle parfume beaucoup plus rapidement (voir page 240).

* Les huiles essentielles sont déconseillées aux femmes enceintes ou qui allaitent, aux bébés, aux convalescents et à ceux qui suivent un traitement sous prescription médicale. Consultez votre médecin avant d'en consommer.

Sucre
à la vanille

250 ml (1/2 tasse) de sucre au choix

5 ml (1 c. à thé) d'extrait de vanille pure
par 2,5 cm (1 po) de gousse de vanille

Gratter les graines de vanille et conserver la gousse. Les mettre dans le sucre. Mélanger les graines et le sucre. Ajouter la gousse. Verser dans un bocal préalablement stérilisé. Laisser les arômes se développer jusqu'à 1 semaine. Conserver les gousses dans le bocal et rajouter du sucre au fil des mois. Les gousses de vanille parfument longtemps. Donne un bocal de 250 ml.

Sel à l'ail

60 ml (1/4 tasse) de sel de mer

1 gousse d'ail hachée

1 carré d'étamine

Envelopper l'ail dans un carré d'étamine. Verser la moitié du sel dans un contenant stérilisé (ou dans un sac de plastique à glissière). Déposer l'ail. Ajouter le reste du sel. Sceller hermétiquement. Entreposer dans un endroit sec et à l'abri de la lumière. Remuer après 1 journée. Vérifier si le mélange est assez aromatisé. Jeter l'ail et vider dans un contenant hermétique. Donne 60 ml (1/4 tasse).

Sel
au piment fort

2,5 ml (1/2 c. à thé) de piment chili moulu	
2,5 ml (1/2 c. à thé) de paprika	
60 ml (1/4 tasse) de sel de mer	

Déposer tous les ingrédients dans un sac de plastique à glissière. Secouer pour bien mélanger. Transvider dans une salière ou un contenant stérilisé. Entreposer dans un endroit sec et à l'abri de la lumière. Donne 60 ml (1/4 tasse).

Garam masala
(traditionnel indien)

30 ml (2 c. à soupe) de graines de coriandre	
30 ml (2 c. à soupe) de graines de cumin	
10 ml (2 c. à thé) de grains de poivre noir	
10 ml (2 c. à thé) de muscade râpée	
9 clous de girofle	
9 gousses de cardamome	
1 petit bâton de cannelle	
1 feuille de laurier	

Écraser dans mortier les gousses de cardamome pour récupérer les graines. Casser la cannelle en morceaux. Moudre tous les ingrédients dans un moulin à café pour obtenir une poudre fine. Chauffer le mélange quelques minutes dans une poêle à feu moyen. Refroidir. Transvider dans un contenant stérilisé. Sceller hermétiquement. Entreposer dans un endroit sec et à l'abri de la lumière. Donne environ 60 ml (1/4 tasse).

Mélange
de Baharat
(recette traditionnelle du golfe Persique)

40 ml (8 c. à thé) de paprika doux	
20 ml (4 c. à thé) de poivre gris	
20 ml (4 c. à thé) de grains de coriandre	
10 ml (2 c. à thé) de clou de girofle	
30 ml (2 c. à soupe) de graines de cumin	
10 ml (2 c. à thé) de cardamome	
10 ml (2 c. à thé) de muscade râpée	

Moudre les épices grossièrement dans un mortier. Chauffer à sec à feu moyen les épices sauf le paprika en remuant. Retirer du feu quand elles commencent à dégager leurs arômes. Refroidir. Ajouter le paprika et moudre le tout dans un moulin à café pour obtenir une poudre fine. Transvider dans un contenant stérilisé. Entreposer dans un endroit sec et à l'abri de la lumière. Donne environ 60 ml (1/4 tasse).

Mélange de cinq épices oriental

15 ml (1 c. à soupe) de fenouil
15 ml (1 c. à soupe) de poivre de Sichuan
7 anis étoiles
2 petits bâtons de cannelle
2 clous de girofle

Casser la cannelle en morceaux. Prélever les graines de fenouil. Moudre finement les épices dans un moulin à café ou un mortier. Transvider dans un contenant stérilisé. Entreposer dans un endroit sec et à l'abri de la lumière. Donne environ 60 ml (1/4 tasse).

Mélange quatre épices

25 ml (5 c. à thé) de grains de poivre noir
10 ml (2 c. à thé) de noix de muscade râpée
5 ml (1 c. à thé) de clou de girofle
5 ml (1 c. à thé) de gingembre moulu

Moudre finement les épices dans un moulin à café ou un mortier. Transvider dans un contenant stérilisé. Entreposer dans un endroit sec et à l'abri de la lumière. Donne 3 c. à soupe (45 ml).

Nota : Ce mélange s'emploie surtout en pâtisserie et pour aromatiser le cidre ou le vin chaud.

Mélange d'herbes à l'anglaise

60 ml (1/4 tasse) de chacune des herbes séchées suivantes : ciboulette, persil, thym ou romarin

Mélanger toutes les herbes dans un bol. Transvider dans un contenant stérilisé. Entreposer dans un endroit sec et à l'abri de la lumière ou utiliser immédiatement. Donne environ 175 ml (3/4 tasse).

Pour assaisonner l'agneau, le porc et pour les farces.

Mélange d'herbes de Provence

15 ml (1 c. à soupe) de chacune des herbes suivantes : thym, romarin, basilic, sarriette et marjolaine séchés
4 feuilles de laurier

Broyer les feuilles de laurier finement. Mélanger toutes les herbes dans un bol. Transvider dans un contenant stérilisé et hermétique. Entreposer dans un endroit sec et à l'abri de la lumière ou utiliser immédiatement. Donne environ 80 ml (1/3 tasse).

Nota : Se combinent à ce mélange de base : lavande, girofle, muscade, zeste de citron.

Assaisonnement
cajun

10 ml (2 c. à thé) d'ail déshydraté
5 ml (1 c. à thé) de sel d'oignon
10 ml (2 c. à thé) de paprika
5 ml (1 c. à thé) de poivre noir moulu
5 ml (1 c. à thé) de cumin moulu
5 ml (1 c. à thé) de moutarde sèche
5 ml (1 c. à thé) de poivre de Cayenne
10 ml (2 c. à thé) de thym séché
10 ml (2 c. à thé) d'origan séché
10 ml (2 c. à thé) de sel (5 ml/1 c. à thé, si on emploie du sel d'oignon)

Mélanger toutes les herbes dans un bol. Transvider dans des contenants stérilisés. Entreposer dans un endroit sec et à l'abri de la lumière. Donne environ 80 ml (⅓ tasse).

Épices à marinade

1 petite racine de gingembre séchée (facultatif)
4 à 5 feuilles de laurier
2 petits piments chili séchés
15 ml (1 c. à soupe) de graines d'aneth
15 ml (1 c. à soupe) de graines de coriandre
10 ml (2 c. à thé) de grains de poivre noir
52,5 ml (3½ c. à soupe) de graines de moutarde
7,5 ml (1½ c. à thé) de poivre de la Jamaïque
2,5 ml (½ c. à thé) de graines de fenouil

Casser les feuilles de laurier en morceaux. Hacher les piments chili. Déposer toutes les épices dans un bol et mélanger. Transvider dans un contenant stérilisé. Entreposer dans un endroit sec et à l'abri de la lumière ou utiliser immédiatement dans une recette de marinades. Donne environ 125 ml (½ tasse).

Nota : Cette recette peut être doublée ou plus selon vos besoins.

Bouquet garni traditionnel

80 ml (⅓ tasse) de chacune des herbes suivantes : persil et thym séchés
6 feuilles de laurier

Broyer les feuilles de laurier finement. Mélanger dans un bol avec les autres herbes. Transvider dans un contenant stérilisé ou déposer 15 ml (1 c. à soupe) de mélange dans des carrés de mousseline à nouer. Entreposer dans un endroit sec et à l'abri de la lumière. Donne environ 150 ml (⅔ tasse).

Nota : Vous pouvez ajouter à cette base du poireau séché ou une autre herbe complémentaire telle que la marjolaine, le serpolet, le céleri, ou encore de l'ail, du clou de girofle, ou du citron.

Gremolata, version 1

Condiment
Zeste de citron râpé
Ail haché fin
Persil ciselé

Faire le mélange selon les goûts une petite quantité à la fois. Conserver dans un récipient stérilisé au réfrigérateur ou utiliser immédiatement.

Pour assaisonner l'osso-buco.

Mélange d'herbes tout usage sans sel

60 ml (1/4 tasse) de chacun des ingrédients suivants : origan et poudre d'oignon
20 ml (4 c. à thé) de chacun des ingrédients suivants : marjolaine, basilic, sarriette et poudre d'ail
10 ml (2 c. à thé) de chacun des ingrédients suivants : thym et romarin
5 ml (1 c. à thé) de chacun des ingrédients suivants : sauge et poivre noir moulu

Mélanger tous les ingrédients dans un bol. Transvider dans un contenant stérilisé et hermétique. Entreposer dans un endroit sec et à l'abri de la lumière. Donne environ 125 ml (1/2 tasse).

Salière sans sel

5 ml (1 c. à thé) de chacun des ingrédients suivants : basilic, poivre noir moulu, thym, persil et poudre d'oignon
2,5 ml (1/2 c. à thé) de chacun des ingrédients suivants : paprika (doux ou fort) et poudre d'ail

Mélanger tous les ingrédients dans un bol. Transvider dans une salière stérilisée et fermer hermétiquement. Entreposer dans un endroit sec et à l'abri de la lumière. Donne environ 30 ml (2 c. à soupe).

Gremolata, version 2

Zeste de citron râpé
Zeste d'orange râpé
Ail haché fin
Noix de muscade râpée

Faire le mélange selon les goûts une petite quantité à la fois. Conserver dans un récipient stérilisé au réfrigérateur ou utiliser immédiatement.

Pour assaisonner les viandes blanches.

Lavande

Recettes en bocaux

Pain irlandais
au bicarbonate de sodium

On apprécie toujours les cadeaux faits maison. Le pain irlandais peut s'offrir avec un petit pot de gelée ou de confiture... Voici quelques recettes qui sont très faciles à cuisiner. Les carrés aux dattes en réconforteront plus d'un et s'offrent en 2 bocaux séparés, la croûte et la garniture cuisinées, scellées et stérilisées dans la marmite à l'eau bouillante; les madeleines aux fleurs de lavande ne manquent pas d'originalité pour une exquise pause gourmande.

Conseils pour confectionner les recettes en bocaux

Verser les ingrédients secs préalablement tamisés dans un bocal de 1 litre (ou moins selon la recette) stérilisé en utilisant une tasse à bec verseur ou à l'aide d'une cuillère. Sceller. Imprimer ou écrire à la main la recette entière et les ingrédients (y compris les ingrédients frais additionnels) sur une étiquette ou une petite carte à attacher au goulot du bocal.

Ingrédients pour un bocal de 1 litre

500 ml (2 tasses) de farine de blé entier
500 ml (2 tasses) de farine tout usage
Et un peu plus pour saupoudrer
5 ml (1 c. à thé) de bicarbonate de sodium
5 ml (1 c. à thé) de sel

Ingrédient frais

560 ml (2 1/4 tasses) de lait de beurre

Préchauffer le four à 240 °C (450 °F). Graisser légèrement une feuille de papier parchemin déposée sur une plaque à cuisson. Saupoudrer d'un nuage de farine l'aire de travail. Mélanger dans un grand bol les ingrédients secs. Faire un puits. Verser le lait de beurre. Mélanger à la main jusqu'à l'obtention d'une pâte souple, pas trop mouillée ou collante. Déposer sur la surface légèrement enfarinée. Enduire les mains de farine pour mieux modeler le pain en miche d'environ 5 cm (2 po) d'épaisseur. Transférer sur la plaque et cuire 20 minutes. Tailler une croix (1,25 cm/1/2 po) au centre à l'aide d'un couteau tranchant. Réduire le feu à 200 °C (400 °F) et cuire de 30 à 35 minutes jusqu'à ce que le pain soit doré. Taper sur la miche; elle est cuite si elle émet un son creux. Laisser refroidir sur une grille 30 minutes.

Carrés aux dattes traditionnels

Ingrédients pour un bocal de 1 litre

Croûte

- 250 ml (1 tasse) de beurre à la température de la pièce
- 375 ml (1½ tasse) de farine de blé entier
- 2,5 ml (¼ c. à thé) de sel
- 2,5 ml (½ c. à thé) de bicarbonate de sodium
- 5 ml (1 c. à thé) de poudre à pâte
- 250 ml (1 tasse) de cassonade bien tassée
- 375 ml (1½ tasse) de gruau
- 125 ml (½ tasse) de noix hachées au choix (facultatif)

Garniture aux dattes

- 500 ml (2 tasses) de dattes hachées
- 30 ml (2 c. à soupe) de cassonade
- 75 ml (5 c. à thé) d'eau froide + 80 ml (⅓ tasse)
- 2,5 ml (½ c. à thé) de zeste d'orange
- 30 ml (2 c. à soupe) de jus d'orange
- 5 ml (1 c. à thé) de jus de citron

Hacher les dattes dénoyautées. Transférer dans un chaudron. Ajouter la cassonade, l'eau et le zeste d'orange. Cuire à feu doux environ 15 minutes en remuant jusqu'à l'obtention d'une purée épaisse et lisse. Retirer du feu. Ajouter les jus d'orange et de citron. Mélanger. Tiédir. Étendre le mélange sur la croûte non cuite préparée.

Croûte

Préchauffer le four à 160 °C (325 °F). Dans un bol, mélanger la farine, le sel, le bicarbonate de sodium et la poudre à pâte. Ajouter le beurre en morceaux. Travailler avec les doigts pour l'incorporer. Ajouter la cassonade, le gruau et les noix hachées. Bien mélanger. Presser la moitié du mélange dans un moule graissé (environ 22 x 33 cm/9 x 13 po ou moins) pour des carrés plus épais. Étendre la garniture aux dattes. Recouvrir du reste de la croûte. Presser légèrement. Cuire environ 30 minutes. Augmenter la chaleur à 190 °C (375 °F) quelques minutes de plus pour faire dorer. Couper en portions et laisser refroidir à même le moule.

Biscuits
monstres à l'avoine

Ingrédients pour un bocal de 1 litre
125 ml (1/2 tasse) de beurre
60 ml (1/4 tasse) de cassonade
60 ml (1/4 tasse) de sucre granulé
1 œuf
2,5 ml (1/2 c. à thé) de vanille
400 ml (1 1/2 tasse + 2 c. à soupe) de farine d'avoine
200 ml (3/4 tasse + 2 c. à soupe) de farine tout usage
2,5 ml (1/2 c. à thé) de bicarbonate de sodium
1 ml (1/4 c. à thé) de sel
3 ml (3/4 c. à thé) de cannelle
125 ml (1/2 tasse) de pépites de chocolat semi-sucré
125 ml (1/2 tasse) de raisins secs (ou autres fruits secs)
60 ml (1/4 tasse) de noix de Grenoble hachées

Préchauffer le four à 175 °C (350 °F). Déposer une feuille de papier parchemin sur une plaque à cuisson. Battre le beurre avec le sucre et la cassonade à l'aide d'un batteur électrique pour obtenir un mélange léger et crémeux. Ajouter l'œuf et la vanille. Mélanger la farine d'avoine et la farine tout usage, le bicarbonate, le sel et la cannelle et ajouter au mélange en 3 fois. Ajouter les raisins, les pépites de chocolat et les noix. Déposer 7,5 ml (1 1/2 c. à thé) de mélange par biscuit sur la plaque ou diviser la pâte en 2 ou 4 gros biscuits monstres. Cuire environ 9 à 10 minutes. Donne approximativement 24 petits biscuits.